# COM_A_3002_04. Elaboración de presentaciones gráficas

**Beatriz Coronado García**

ic editorial

**COM_A_3002_04. Elaboración de presentaciones gráficas**
© Beatriz Coronado García

1ª Edición

© IC Editorial, 2026

Editado por: IC Editorial
c/ Cueva de Viera, 2, Local 3
Centro Negocios CADI
29200 Antequera (Málaga)
Teléfono: 952 70 60 04
Fax: 952 84 55 03
Correo electrónico: iceditorial@iceditorial.com
Internet: www.iceditorial.com

ISBN: 979-13-7027-187-9
Depósito Legal: MA 514-2026

Impresión: PODiPrint
Impreso en Andalucía – España

Nota de la editorial: IC Editorial pertenece a Innovación y Cualificación S. L.

## Presentación del manual

El **Certificado Profesional,** anteriormente llamado Certificado de Profesionalidad, constituye el Grado C en el Sistema de Formación Profesional, asociado a un perfil profesional. Acredita la capacitación para el desarrollo de una actividad profesional concreta a través de las competencias adquiridas. Tiene carácter parcial y acumulable cuando existan Ciclos Formativos (Grado D) en los que sus módulos profesionales se encuentren contenidos en su totalidad o en parte.

El elemento mínimo acreditable es el **Estándar de Competencia.** La suma de las acreditaciones de los Estándares de Competencia conforma la acreditación del **Módulo Profesional** (Grado B).

Un Estándar de Competencia se define como una agrupación de tareas productivas que realiza el profesional. Los diferentes Estándares de Competencia de un Certificado Profesional conforman la **Competencia General.** Definiendo el conjunto de conocimientos y capacidades que permiten el ejercicio de una actividad profesional determinada.

Cada Estándar o Estándares de Competencia lleva asociado un Módulo Profesional, donde se describe la formación necesaria para adquirir ese Estándar de Competencia, pudiendo dividirse en **Bloques Formativos** (Grado A).

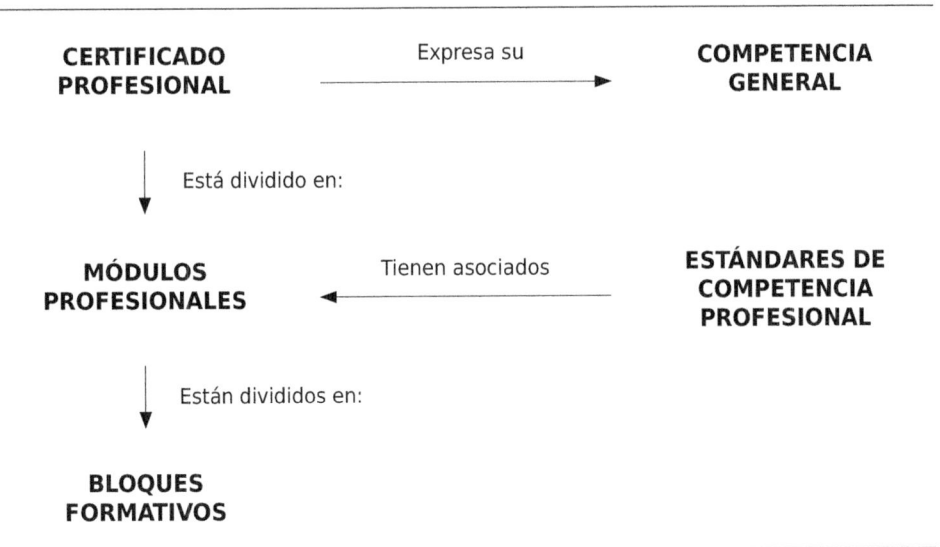

El presente manual desarrolla el Bloque Formativo **COM_A_3002_04. Elaboración de presentaciones gráficas,**

Perteneciente al Módulo Profesional **COM_B_3002. Aplicaciones básicas de ofimática,**

Asociado al Estándar/Estándares de Competencia:

⇨ **UC0974_1:** Realizar operaciones básicas de tratamiento de datos y textos, y confección de documentación.

del Certificado Profesional **COM_C_001_3B. Actividades auxiliares de almacenaje.**

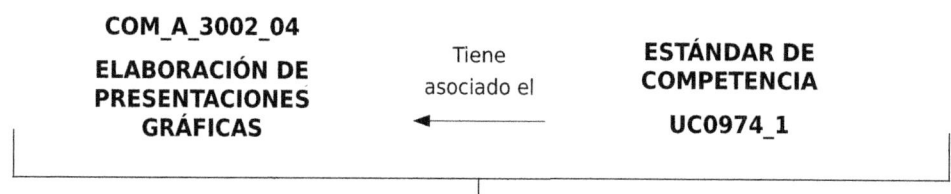

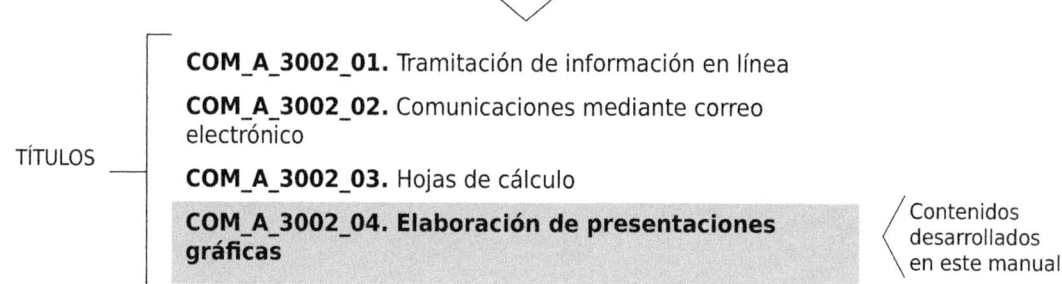

# FICHA DE CERTIFICADO PROFESIONAL

## COM_C_001_3B. ACTIVIDADES AUXILIARES DE ALMACENAJE
### (Real Decreto 212/2025, de 18 de marzo)

**COMPETENCIA GENERAL:** Realizar operaciones auxiliares de almacenaje de productos y mercancías, así como las operaciones de tratamiento de datos relacionadas, siguiendo protocolos establecidos, criterios comerciales y de imagen, operando con la calidad indicada, observando las normas de prevención de riesgos laborales y protección medioambiental correspondientes.

| Estándares de Competencias Profesionales | | Ocupaciones o puestos de trabajo relacionados |
|---|---|---|
| UC1325_1 | Realizar las operaciones auxiliares de recepción, colocación, mantenimiento y expedición de cargas en el almacén de forma integrada en el equipo. | • Empleados/as de reposición.<br>• Operarios/as de pedidos.<br>• Carretilleros/as de recepción y expedición.<br>• Contadores/as de recepción y expedición.<br>• Operarios/as de logística.<br>• Auxiliares de información. |
| UC0432_1 | Manipular cargas con carretillas elevadoras. | |
| UC0973_1 | Introducir datos y textos en terminales informáticos en condiciones de seguridad, calidad y eficiencia. | |
| UC0974_1 | Realizar operaciones básicas de tratamiento de datos y textos, y confección de documentación. | |

| Correspondiencia con el Catálogo Modular de Formación Profesional | | |
|---|---|---|
| **Módulos profesionales** | **Bloques formativos** | **Horas** |
| COM_B_3001. Tratamiento informático de datos (285 h) | COM_A_3001_01. Preparación de los equipos | 50 |
| | COM_A_3001_02. Grabación de datos y textos | 90 |
| | COM_A_3001_03. Tratamiento de textos | 90 |
| | COM_A_3001_04. Archivo e impresión | 55 |
| **COM_B_3002. Aplicaciones básicas de ofimática (320 h)** | COM_A_3002_01. Tramitación de información en línea | 50 |
| | COM_A_3002_02. Comunicaciones mediante correo electrónico | 75 |
| | COM_A_3002_03. Hojas de cálculo | 135 |
| | COM_A_3002_04. Elaboración de presentaciones gráficas | 60 |
| COM_B_3070. Operaciones auxiliares de almacenaje (140 h) | COM_A_3070_01. Recepción de mercancías | 30 |
| | COM_A_3070_02. Etiquetado de mercancías | 20 |
| | COM_A_3070_03. Almacenamiento de productos y mercancías | 30 |
| | COM_A_3070_04. Elaboración de inventarios de mercancías | 30 |
| | COM_A_3070_05. Preparación de pedidos | 30 |
| 1782. Prevención de riesgos laborales | | 30 |

# Índice

## OBJETIVOS GENERALES

Los objetivos generales del **COM_A_3002_04. Elaboración de presentaciones gráficas,** son los siguientes:

- ◗ Identificar las opciones básicas de las aplicaciones de presentaciones.
- ◗ Reconocer los distintos tipos de vista asociados a una presentación.
- ◗ Aplicar y reconocer las distintas tipografías y las normas básicas de composición, diseño y utilización del color.
- ◗ Crear presentaciones sencillas incorporando texto, gráficos, objetos y archivos multimedia.
- ◗ Diseñar plantillas de presentaciones.
- ◗ Utilizar periféricos para ejecutar presentaciones, asegurando su correcto funcionamiento.

# Identificación de opciones básicas y reconocimiento de tipos de vista en presentaciones

## Contenido

1. Introducción
2. Identificación de las opciones básicas de las aplicaciones de presentaciones
3. Reconocimiento de los distintos tipos de vista asociados a una presentación
4. Resumen

## Objetivos

Los objetivos generales de esta Unidad de Aprendizaje son:

→ Identificar las opciones básicas de las aplicaciones de presentaciones.
→ Conocer la interfaz y los menús, pudiendo localizar y utilizar las herramientas más habituales de edición y diseño.
→ Aprender a crear, abrir, guardar y exportar archivos.
→ Reconocer los distintos tipos de vista asociados a una presentación.
→ Valorar la importancia de utilizar correctamente las vistas de presentación.

# 1. Introducción

La creación de presentaciones forma parte del trabajo cotidiano en muchos entornos profesionales. Saber identificar las opciones básicas, moverse con soltura por la interfaz y utilizar correctamente los distintos tipos de vista permite diseñar diapositivas claras, coherentes y adaptadas a cada situación. Un uso inadecuado de estas herramientas puede generar presentaciones desordenadas, difíciles de interpretar o poco profesionales.

Para acompañarnos en esta unidad seguiremos a Roberto, que acaba de incorporarse al departamento y necesita aprender a manejar una aplicación de presentaciones. Su objetivo es familiarizarse con la interfaz, entender para qué sirve cada vista y organizar sus diapositivas con criterio para preparar una reunión interna.

# 2. Identificación de las opciones básicas de las aplicaciones de presentaciones

☞ **HILO CONDUCTOR**

Roberto debe preparar una presentación para una reunión interna, pero al abrir la aplicación se siente abrumado por la cantidad de herramientas disponibles. Poco a poco descubre cómo crear diapositivas, insertar elementos y elegir diseños adecuados, comprendiendo que dominar estas funciones básicas es esencial para avanzar con autonomía en la elaboración de su presentación.

- - - - - - - - - - - - - - - - - - - - - - - - - - - - - - - - - - - - - -

Una **aplicación de presentaciones** es una herramienta diseñada para crear diapositivas que ayudan a comunicar ideas de manera visual, clara y estructurada. Aunque pueden existir diferencias entre programas, la mayoría comparte un conjunto de funciones básicas que conviene conocer desde el principio.

## NOTA

Estas funciones permiten crear una nueva presentación, añadir tantas diapositivas como se necesiten, elegir distintos diseños, insertar texto, imágenes o gráficos, y modificar la apariencia general del documento.

Al abrir la aplicación, suele aparecer una interfaz organizada en varios espacios:

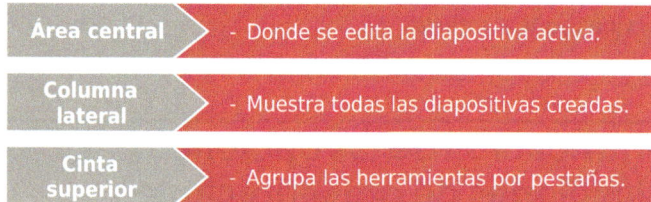

Área central — Donde se edita la diapositiva activa.

Columna lateral — Muestra todas las diapositivas creadas.

Cinta superior — Agrupa las herramientas por pestañas.

Este diseño facilita localizar las opciones más habituales: por ejemplo, **Inicio** reúne los comandos de edición esencial (copiar, pegar, alineación, estilos de texto), **Insertar** permite añadir elementos visuales, y **Diseño** ofrece plantillas y combinaciones de colores para trabajar la estética de la presentación.

En el ámbito académico, profesional y formativo existen numerosas herramientas para elaborar presentaciones, pero tres programas destacan por su uso generalizado y por la facilidad con la que permiten diseñar, editar y mostrar diapositivas: *Microsoft PowerPoint, Google Presentaciones y LibreOffice Impress.*

Para comprender mejor sus posibilidades, comenzaremos comparando sus características principales:

⮑ **Popularidad.** Quién usa más cada herramienta.

　　↻ *Microsoft PowerPoint.* Es la herramienta de presentaciones más utilizada en empresas, administraciones y centros educativos.
　　↻ *Google Presentaciones.* Es muy popular en entornos educativos y colaborativos, siendo la segunda más usada.
　　↻ *LibreOffice Impress.* Tiene menor presencia en empresas privadas, pero es habitual en administraciones, formación pública y entornos que apuestan por *software* libre.

➲ **Acceso.** Cómo se consigue y qué requiere.

- *Microsoft PowerPoint.* Requiere licencia de *Microsoft 365* o instalación del paquete *Office.*
- *Google Presentaciones.* Es gratuita y accesible con una cuenta de *Google* desde cualquier navegador.
- *LibreOffice Impress.* Es completamente gratuito y se instala como parte del paquete *LibreOffice,* sin necesidad de licencia ni conexión a internet.

➲ **Facilidad de uso.** Nivel de complejidad para empezar.

- *Microsoft PowerPoint.* Incorpora muchas funciones avanzadas, por lo que puede resultar más complejo para principiantes.
- *Google Presentaciones.* Es muy intuitiva y facilita el aprendizaje rápido.
- *LibreOffice Impress.* Tiene una interfaz clara y clásica, similar a *PowerPoint,* con una curva de aprendizaje moderada.

➲ **Funciones de diseño.** Posibilidades creativas disponibles.

- *Microsoft PowerPoint.* Permite animaciones, transiciones avanzadas y gran personalización.
- *Google Presentaciones.* Ofrece funciones más básicas, pero suficientes para presentaciones claras.
- *LibreOffice Impress.* Incluye animaciones y transiciones, con menos variedad que *PowerPoint,* pero adecuadas para presentaciones profesionales.

➲ **Trabajo colaborativo.** Cómo trabajan varias personas a la vez.

- *Microsoft PowerPoint.* La colaboración depende de su uso en OneDrive o SharePoint.
- *Google Presentaciones.* Permite colaboración simultánea en tiempo real de manera nativa.
- *LibreOffice Impress.* No dispone de colaboración en tiempo real; el trabajo es principalmente individual o por intercambio de archivos.

➲ **Guardado y almacenamiento.** Dónde se guardan los archivos y cómo.

- *Microsoft PowerPoint.* Guarda archivos en local o en *OneDrive,* según preferencia.
- *Google Presentaciones.* Se guarda automáticamente en *Google Drive* sin intervención del usuario.

◑ *LibreOffice Impress.* Guarda los archivos de forma local en el equipo, con opción de exportar a PDF u otros formatos.

⮑ **Compatibilidad.** En qué dispositivos y entornos funciona mejor.

◑ *Microsoft PowerPoint.* Muy compatible con herramientas y sistemas corporativos.
◑ *Google Presentaciones.* Funciona en cualquier navegador sin instalación adicional.
◑ *LibreOffice Impress.* Compatible con *Windows, Linux* y *macOS,* y capaz de abrir y guardar archivos de *PowerPoint.*

⮑ **Uso sin conexión.** Posibilidad de trabajar *offline.*

◑ *Microsoft PowerPoint.* Funciona plenamente sin conexión.
◑ *Google Presentaciones.* Requiere activar el modo *offline* para trabajar sin internet.
◑ *LibreOffice Impress.* Funciona siempre sin conexión, al ser una aplicación instalada en el equipo.

⮑ **Nivel creativo.** Alcance estético y técnico de las presentaciones.

◑ *Microsoft PowerPoint.* Permite diseños muy elaborados y complejos.
◑ *Google Presentaciones.* Está orientada a presentaciones simples y funcionales.
◑ *LibreOffice Impress.* Ofrece un nivel creativo intermedio, adecuado para la mayoría de las presentaciones formativas y profesionales.

⮑ **Perfil de uso ideal.** Para quién es más adecuada cada herramienta.

◑ *Microsoft PowerPoint.* Ideal para usuarios que necesitan resultados profesionales y gran nivel de detalle.
◑ *Google Presentaciones.* Ideal para trabajos colaborativos, educativos y entornos donde prima la accesibilidad.
◑ *LibreOffice Impress.* Ideal para usuarios que buscan una herramienta gratuita, sin licencias y con control total del archivo en local.

También se emplean otras opciones como *Apple Keynote* o incluso servicios de diseño como *Canva* para crear diapositivas más visuales.

## 2.1. Identificación de opciones básicas de las aplicaciones de presentaciones

Las aplicaciones de presentaciones, como *Microsoft PowerPoint, Google Presentaciones* o *LibreOffice Impress,* comparten un conjunto de **opciones básicas** que permiten crear y dar forma a cualquier presentación, independientemente del tipo de contenido o del contexto en el que se utilice.

Para reconocer estas opciones básicas, podemos agruparlas en tres bloques principales:

- **Creación y gestión de la presentación.** Las primeras opciones que conviene localizar son las relacionadas con el archivo: crear una presentación nueva, abrir una ya existente, guardar los cambios y, cuando sea necesario, exportar el archivo a otros formatos (por ejemplo, PDF o imagen).
- **Edición básica de diapositivas.** Otro grupo de opciones básicas está relacionado con la gestión de las diapositivas. Entre ellas se encuentran:

  - Añadir una nueva diapositiva.
  - Duplicar una diapositiva existente.
  - Eliminar diapositivas que ya no se necesitan.
  - Cambiar el diseño de una diapositiva (por ejemplo, solo título, título y contenido, dos columnas...).

  Estas acciones permiten estructurar la presentación, organizar la información por secciones y adaptar cada diapositiva al tipo de contenido que vaya a mostrar.
- **Inserción de contenido.** Por último, una parte muy importante de las opciones básicas son las que permiten añadir contenido a las diapositivas. Algunas de las más habituales son:

  - Insertar cuadros de texto.
  - Insertar imágenes desde el equipo o desde internet.
  - Añadir formas, iconos o ilustraciones.
  - Insertar gráficos o tablas para representar datos.
  - Incorporar elementos como logotipos o pies de página.

 **NOTA**

Estas herramientas convierten una diapositiva vacía en un recurso visual útil para la comunicación.

## 2.2. Navegación por la interfaz y acceso a las funciones principales

Para utilizar correctamente una aplicación de presentaciones es necesario saber dónde se encuentran y cómo se ejecutan las funciones básicas dentro de cada programa.

Aunque *Microsoft PowerPoint, Google Presentaciones* y *LibreOffice Impress* tengan interfaces diferentes, permiten realizar las mismas tareas esenciales.

### Crear una nueva presentación

En *Microsoft PowerPoint:*

1. Abre *PowerPoint.*
2. En la pantalla de inicio, selecciona **Presentación en blanco.**

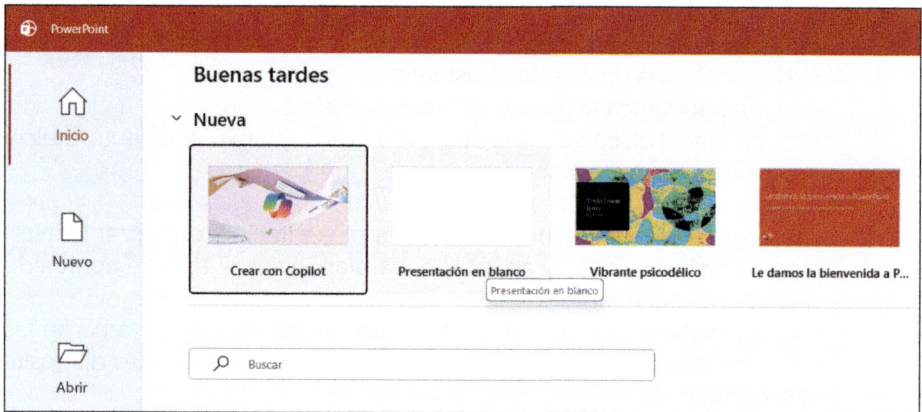

3. También puedes elegir una plantilla si deseas un diseño previo.

En Google Presentaciones:

1. Entra en *Google Drive.*
2. Pulsa en **Nuevo → Presentaciones de Google.**

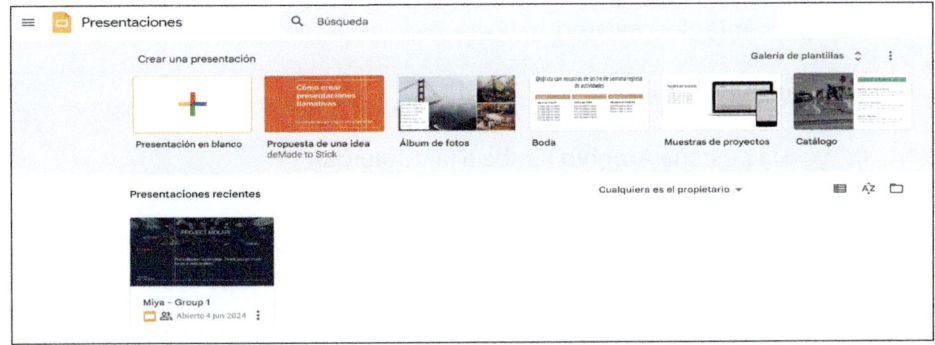

3. Se abrirá automáticamente una presentación en blanco en una nueva pestaña.

En *LibreOffice Impress:*

1. Abre *LibreOffice Impress.*
2. Pulsa **Archivo → Nuevo → Presentación.**

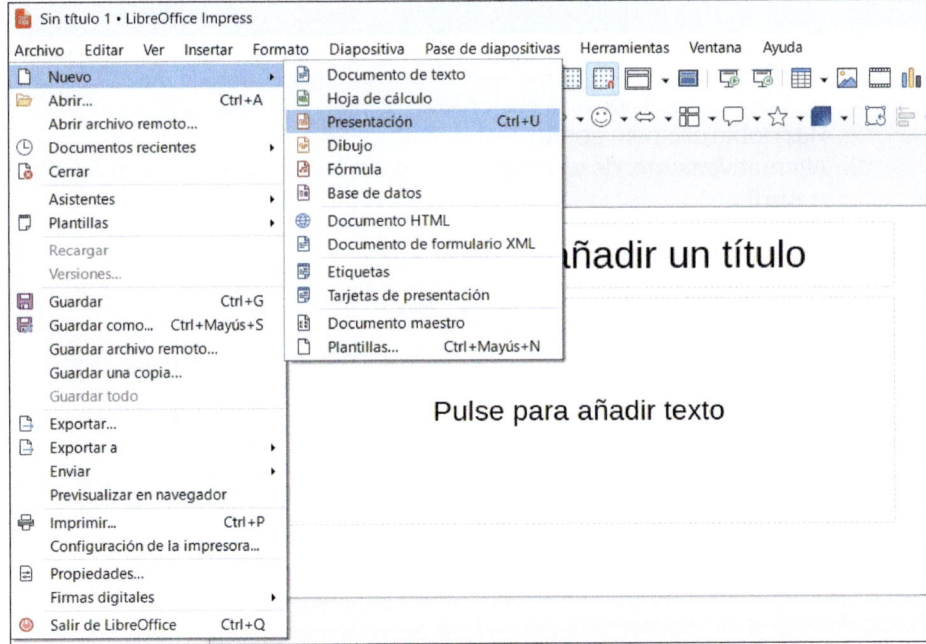

## Abrir una presentación existente

En *Microsoft PowerPoint:*

1. Ve a la pestaña **Archivo** (arriba a la izquierda).
2. Haz clic en **Abrir.**

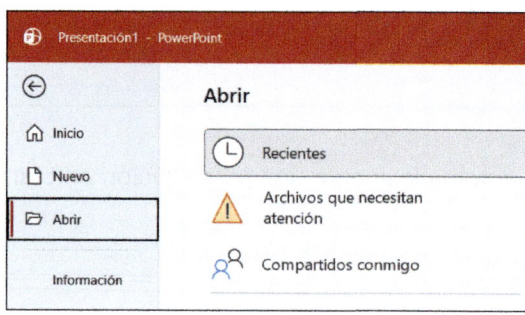

3. Selecciona el archivo desde tu equipo o desde *OneDrive.*

En *Google Presentaciones:*

1. En *Google Drive,* localiza el archivo.
2. Haz doble clic para abrirlo.
3. Alternativamente, desde la interfaz de *Presentaciones,* clica en **Archivo → Abrir.**

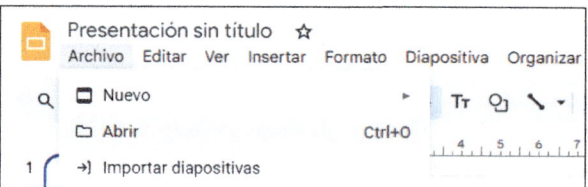

En *LibreOffice Impress:*

1. Haz clic en Archivo → Abrir.

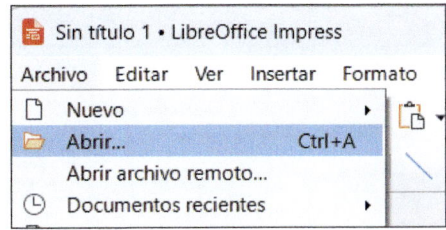

2. Selecciona el archivo de presentación guardado en el equipo.

## Guardar una presentación

En *Microsoft PowerPoint:*

1. Pulsa **Archivo → Guardar** si ya existe.
2. Si es nueva, usa **Guardar como** y elige ubicación y formato.
3. Puedes guardarla como archivo editable (.pptx) o exportarla a otros formatos.

En *Google Presentaciones:*

1. No necesitas guardar manualmente.
2. Los cambios se guardan automáticamente en *Drive* cada pocos segundos.

En *LibreOffice Impress:*

1. Pulsa **Archivo → Guardar** si ya existe.
2. Si es nueva, usa **Guardar como** y elige ubicación y formato.

## Exportar una presentación

En *Microsoft PowerPoint:*

1. Ve a **Archivo → Exportar.**

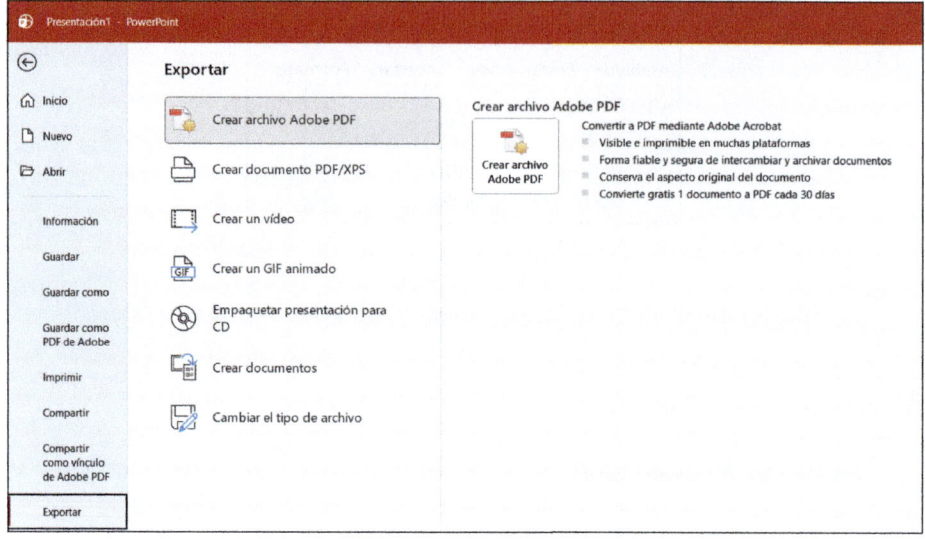

2. Puedes exportar a PDF, vídeo, paquete de diapositivas o imagen.
3. Selecciona calidad y ubicación.

En *Google Presentaciones:*

1. En la barra superior, pulsa en **Archivo → Descargar.**

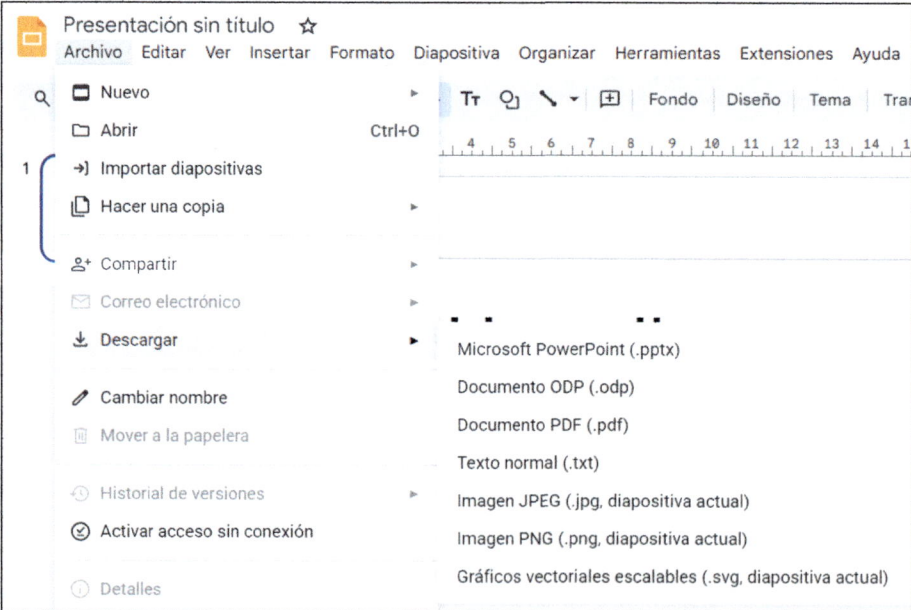

2. Elige entre PDF, .pptx, imágenes (JPG/PNG), texto plano, etc.

En *LibreOffice Impress:*

1. Ve a **Archivo → Exportar a → Exportar a PDF.**

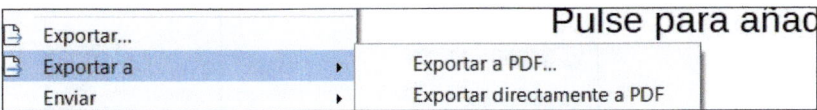

2. Guarda el archivo.

---

## Añadir una nueva diapositiva

En *Microsoft PowerPoint:*

1. En la pestaña **Inicio,** elige **Nueva diapositiva.**

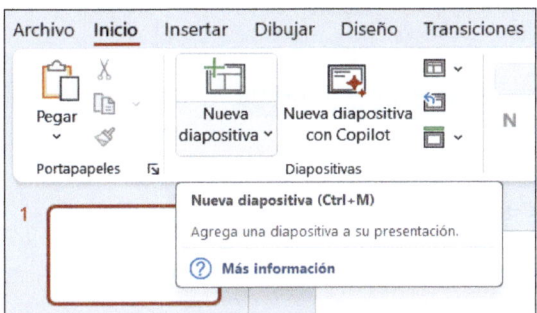

2. Selecciona un diseño concreto si lo necesitas.
3. También puedes hacer clic derecho en la columna lateral y elegir **Nueva diapositiva.**

En *Google Presentaciones:*

1. Pulsa en **Diapositiva → Nueva diapositiva.**

2. O usa el icono (+) en la barra superior.

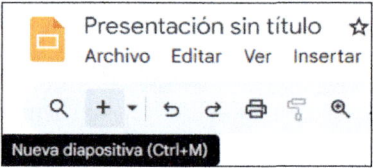

En *LibreOffice Impress:*

➲ Haz clic en **Diapositiva → Diapositiva nueva.**

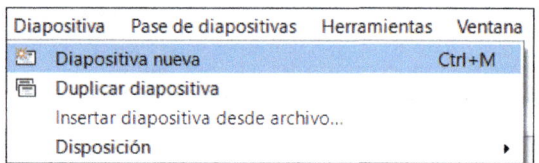

## Duplicar o eliminar diapositivas

En *Microsoft PowerPoint:*

➲ **Duplicar:** haz clic derecho sobre la diapositiva y pulsa en **Duplicar diapositiva.**

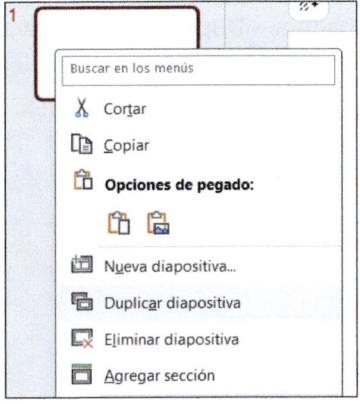

● **Eliminar:** haz clic derecho y pulsa en **Eliminar diapositiva.**

En *Google Presentaciones:*

● **Duplicar:** haz clic derecho y pulsa en **Duplicar diapositiva.**

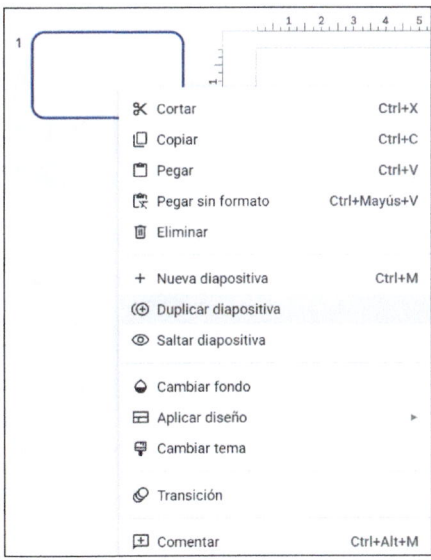

● **Eliminar:** haz clic derecho y pulsa en **Eliminar.**

En *LibreOffice Impress:*

⮺ Haz clic en **Diapositiva → Duplicar diapositiva.**

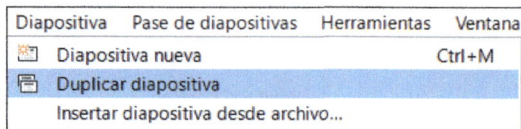

---

## Cambiar el diseño de una diapositiva

En *Microsoft PowerPoint:*

1. Selecciona la diapositiva.
2. Ve a la pestaña **Diseño.**
3. Personaliza la diapositiva.

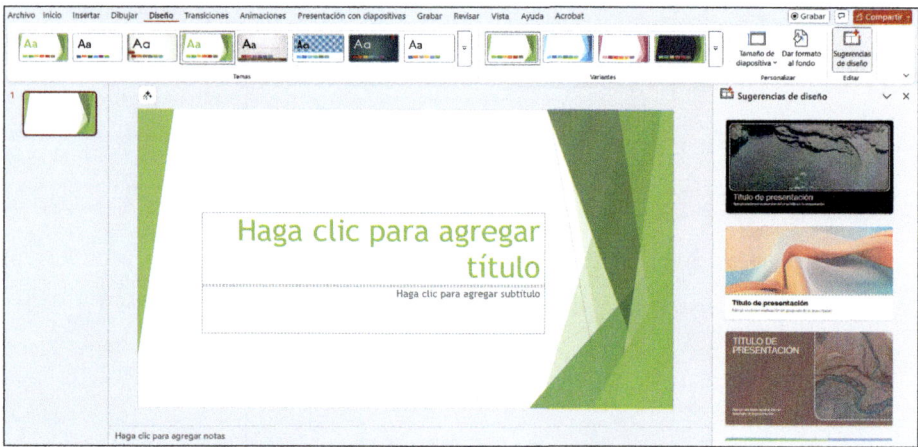

En *Google Presentaciones:*

1. Selecciona la diapositiva.
2. En el panel derecho, elige un diseño disponible.

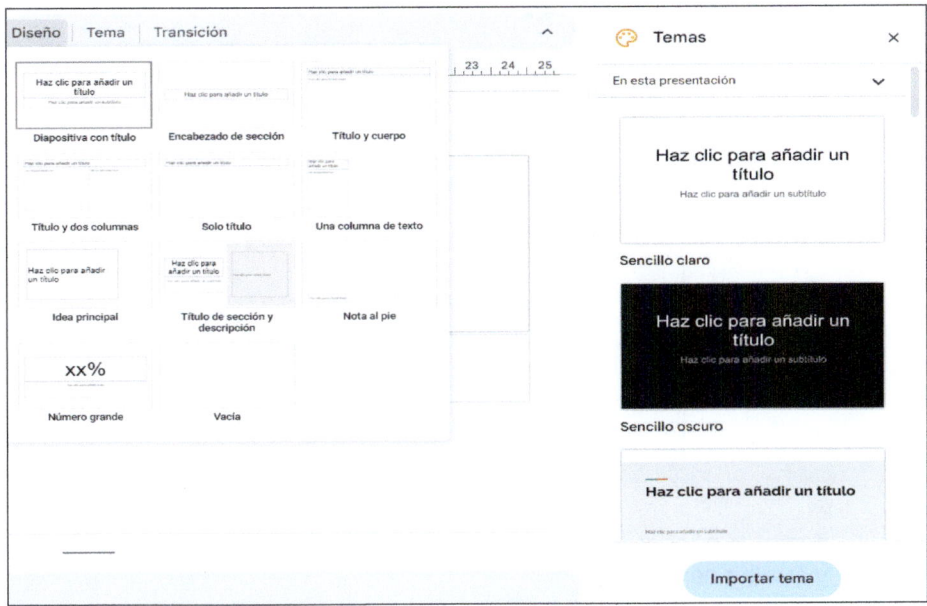

En *LibreOffice Impress:*

1. Selecciona la diapositiva.
2. En el panel derecho, elige un diseño disponible.

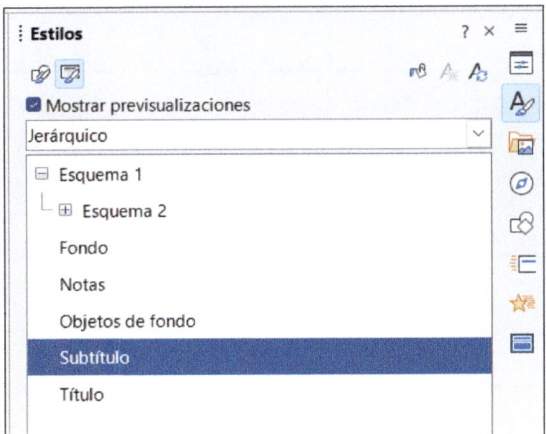

## Insertar texto

En *Microsoft PowerPoint:*

1. Haz clic en un cuadro de texto ya existente.

2. También puedes ir a **Insertar → Cuadro de texto** para dibujar el cuadro y escribir dentro.

En *Google Presentaciones:*

1. Pulsa **Insertar → Cuadro de texto.**
2. Dibuja la zona donde irá el texto y comienza a escribir.

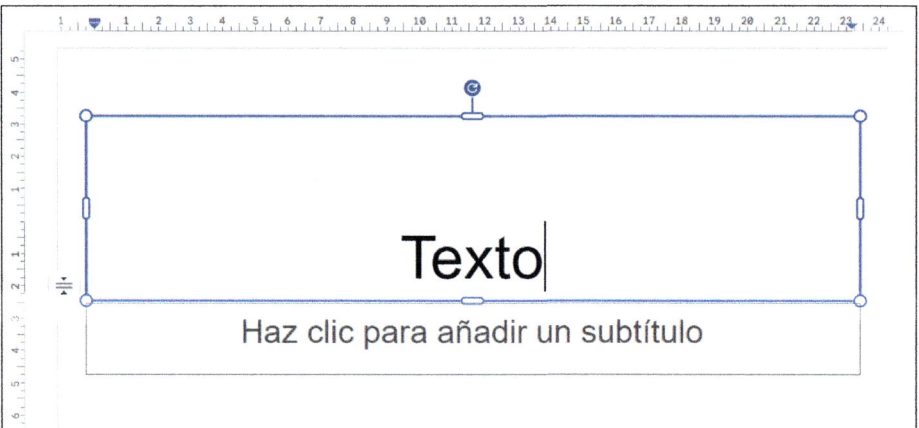

En *LibreOffice Impress:*

1. Haz clic en **Insertar → Cuadro de texto.**
2. Dibuja el cuadro en la diapositiva.

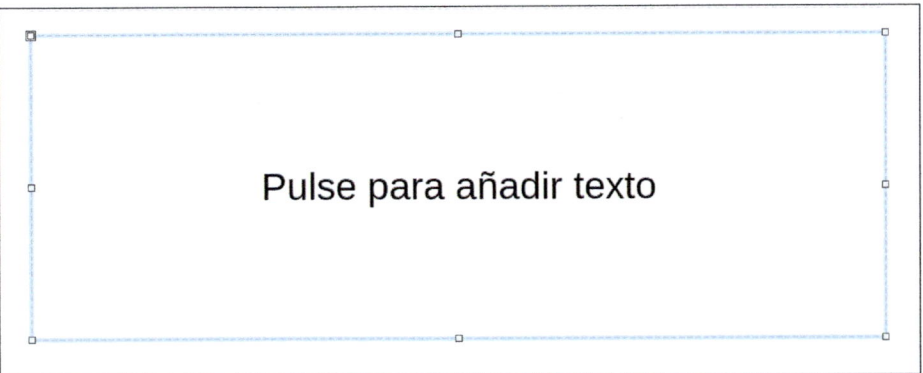

## Insertar imágenes

En *Microsoft PowerPoint:*

1. Ve a **Insertar → Imágenes.**
2. Elige entre equipo, banco de imágenes, *online,* etc.
3. Ajusta el tamaño y la posición con el ratón.

En *Google Presentaciones:*

1. Ve a **Insertar → Imagen.**
2. Puedes elegir subir desde el ordenador, *Drive,* cámara, URL o búsqueda *online.*

En *LibreOffice Impress:*

1. Ve a **Insertar → Imagen.**
2. Ajusta el tamaño y la posición con el ratón.

## Insertar formas, iconos, tablas o gráficos

En *Microsoft PowerPoint,* en la pestaña **Insertar** es donde se encuentran las herramientas que permiten añadir contenido visual a las diapositivas. Cada opción cumple una función específica:

- **Tabla:** incluye opciones para elegir el número de filas y columnas o convertir datos existentes en una tabla.
- **Imágenes:** abre un menú para insertar fotos desde distintas fuentes.

- **Captura:** permite realizar capturas de pantalla directamente desde *PowerPoint.*
- **Álbum de fotografías:** crea automáticamente una presentación completa a partir de un conjunto de imágenes.
- **Cameo:** inserta una transmisión de la cámara web del usuario directamente en la diapositiva.
- **Formas:** incluye un catálogo de formas prediseñadas como líneas, flechas, rectángulos, etc.
- **Iconos:** inserta iconos vectoriales de estilo uniforme.
- **Modelos 3D:** permite insertar objetos tridimensionales.
- **SmartArt:** ofrece diagramas visuales prediseñados.
- **Gráfico:** inserta gráficos de datos vinculados a una hoja de datos tipo *Excel.*

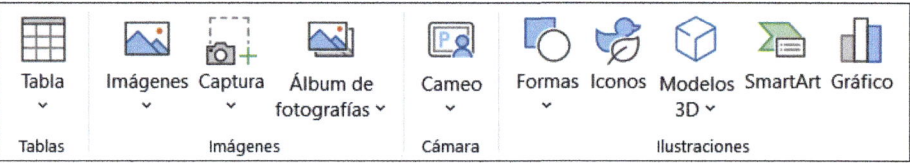

En *Google Presentaciones,* la pestaña **Insertar** ofrece diversas opciones:

- **Imagen:** permite insertar imágenes desde diferentes fuentes.
- **Cuadro de texto:** inserta un área de texto dentro de la diapositiva.
- **Forma:** incluye un catálogo de formas prediseñadas.
- **Diagrama:** esta opción ofrece estructuras visuales listas para usar.
- **Tabla:** permite insertar tablas para organizar datos de forma clara.
- **Gráfico:** inserta gráficos vinculados a *Google Sheets.*
- **Línea:** permite resaltar relaciones, señalar elementos clave o crear estructuras visuales simples.
- **WordArt:** inserta texto decorativo con estilos predefinidos.

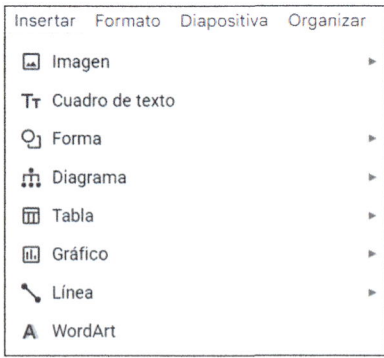

En *LibreOffice Impress,* en la pestaña **Insertar,** se encuentran las herramientas que permiten añadir contenido visual a las diapositivas.

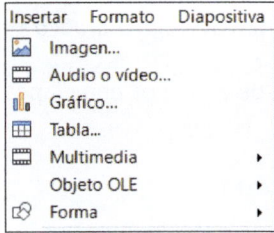

Desde **Insertar → Forma** se pueden añadir:

- ➲ Líneas, flechas y conectores.
- ➲ Rectángulos, cuadrados y círculos.
- ➲ Formas básicas y símbolos.
- ➲ Flechas de bloque y llamadas.

*LibreOffice* no tiene un botón específico llamado **Iconos** como *PowerPoint,* pero se pueden insertar:

- ➲ Iconos y símbolos desde **Insertar → Multimedia → Galería.**
- ➲ Símbolos gráficos desde **Insertar → Carácter especial.**
- ➲ Imágenes de iconos descargadas previamente mediante **Insertar → Imagen.**

Además, *Impress* ofrece la posibilidad de añadir tablas y gráficos.

 **TAREA 1**

Roberto debe crear la presentación utilizando las opciones básicas de la aplicación. En primer lugar, debe añadir y organizar el contenido mínimo necesario y, una vez finalizado el trabajo, guardar correctamente el archivo. ¿Cómo puede hacerlo?

La presentación debe cumplir obligatoriamente los siguientes requisitos:

1. Añadir al menos tres diapositivas:

*Continúa en página siguiente >>*

*<< Viene de página anterior*

- Diapositiva 1: título y subtítulo.
- Diapositiva 2: texto e imagen.
- Diapositiva 3: forma, icono o gráfico simple.

2. Cambiar el diseño de al menos una diapositiva.
3. Insertar:

- Un cuadro de texto.
- Una imagen.
- Una forma, un icono o un gráfico.

Realiza la tarea y entrega el archivo final que has generado.

---

 **ACTIVIDAD COMPLEMENTARIA**

1. Relaciona la interfaz (área central, columna lateral y cinta superior) con las opciones esenciales que permiten empezar a trabajar con autonomía.

¿Qué opciones básicas utilizarías para construir una presentación desde cero y cómo se relacionan con las distintas partes de la interfaz (área de edición, columna lateral, cinta de herramientas)? Argumenta tu respuesta.

---

## 3. Reconocimiento de los distintos tipos de vista asociados a una presentación

 **HILO CONDUCTOR**

Cuando ya tiene varias diapositivas creadas, Roberto necesita reorganizar el contenido y preparar su exposición. Es entonces cuando aprende que cada vista —Normal, Clasificador, Esquema, Notas o Presentación con diapositivas— le permite trabajar de manera diferente, facilitándole revisar el conjunto, centrarse en el texto o practicar la exposición según lo que necesite en cada momento.

---

Las aplicaciones de presentaciones incluyen varios tipos de vista que permiten trabajar el contenido desde distintas perspectivas. Cada vista cumple una función específica, y utilizar la más adecuada en cada momento mejora notablemente la experiencia de edición y la claridad del resultado final.

Reconocer y saber alternar entre estos diferentes tipos de vista facilita el trabajo en todas las fases: planificación, edición, revisión y presentación final.

## IMPORTANTE

Elegir la vista adecuada en cada momento contribuye a mejorar la organización y la calidad de cualquier presentación.

## 3.1. Diseño y edición de diapositivas. Tipos de vistas

Diseñar y editar diapositivas es la base de cualquier presentación eficaz. Cada diapositiva debe transmitir un mensaje claro, organizado y visualmente coherente, y para ello es necesario conocer las herramientas de diseño, así como los distintos tipos de vista que ofrece la aplicación.

El diseño se inicia con la elección del **diseño de diapositiva** o *layout,* que determina la estructura de la información: solo título, título y contenido, dos columnas o imagen con texto, entre otras.

## NOTA

Seleccionar el diseño adecuado permite que cada diapositiva se ajuste al mensaje que debe transmitir y evita sobrecargarla con elementos innecesarios.

Una vez elegido el diseño, se emplean las herramientas de edición para **modificar texto, insertar imágenes, añadir gráficos, crear formas, ajustar colores o reorganizar elementos.** Estas opciones son esenciales para construir diapositivas visuales y comprensibles.

En este proceso intervienen los **tipos de vista,** ya que cada uno facilita tareas distintas. Comprender estas vistas es clave para diseñar y editar con eficacia, ya que cada una ofrece una perspectiva distinta del trabajo.

## 3.2. Vista Normal, Clasificador de diapositivas y Vista Esquema

Las aplicaciones de presentaciones ofrecen varias vistas que permiten trabajar de forma específica según la tarea que se esté realizando.

Conocerlas y alternarlas según convenga agiliza el proceso de edición y mejora la organización de la presentación:

⮑ **Normal.** Es la vista predeterminada y la más utilizada. Muestra la diapositiva activa en el centro, y la columna lateral con las miniaturas y la cinta de herramientas en la parte superior. Permite:

  ◊ Insertar y editar texto e imágenes.
  ◊ Cambiar diseños.
  ◊ Añadir o eliminar diapositivas.
  ◊ Ajustar detalles visuales.

  Es la vista ideal para la construcción del contenido y el diseño individual de cada diapositiva.
⮑ **Clasificador de diapositivas.** Presenta las diapositivas en forma de cuadrícula, permitiendo visualizar la estructura completa de la presentación. Permite:

  ◊ Reordenar las diapositivas arrastrándolas.
  ◊ Identificar repeticiones o saltos de ritmo.
  ◊ Organizar secciones completas.

  Es especialmente útil cuando se quiere revisar la cohesión general de la presentación o ajustar la narrativa visual.
⮑ **Vista Esquema.** Muestra la presentación únicamente en formato de texto, dejando a un lado imágenes, colores o elementos visuales. Permite:

  ◊ Revisar la claridad del contenido.
  ◊ Comprobar la jerarquía entre títulos y subtítulos.
  ◊ Detectar diapositivas vacías o redundantes.
  ◊ Reorganizar ideas rápidamente.

  Es una vista ideal para etapas iniciales de redacción o cuando se quiere revisar el mensaje sin distracciones.

Aunque *Microsoft PowerPoint, Google Presentaciones* y *LibreOffice Impress* comparten varias vistas, también presentan diferencias que conviene tener claras.

A continuación, se explica cómo funciona cada vista y cómo activarla en cada aplicación.

Para activar la vista **Normal,** el proceso es el siguiente:

➲ *Microsoft PowerPoint.* Aparece automáticamente al abrir el programa. Se activa en **Vista → Normal.**

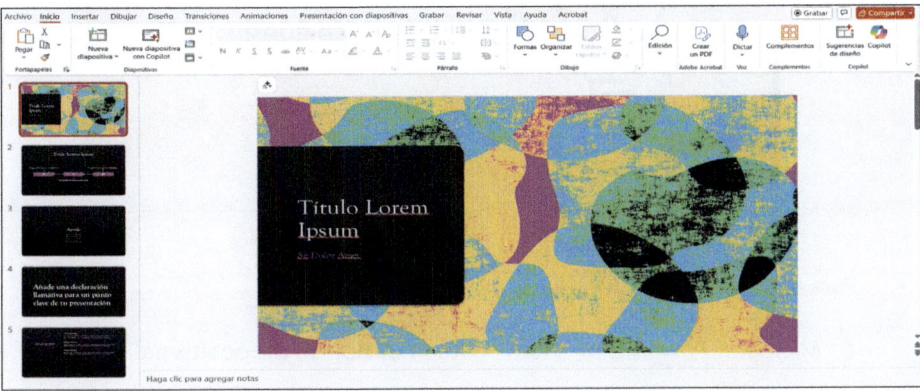

➲ *Google Presentaciones.* Es la vista predeterminada. Si se ha cambiado a otra, se vuelve desde el menú **Ver.**

➲ *LibreOffice Impress.* Es la vista que aparece por defecto al abrir el programa. Si se ha cambiado a otra vista, se activa desde **Ver → Normal.**

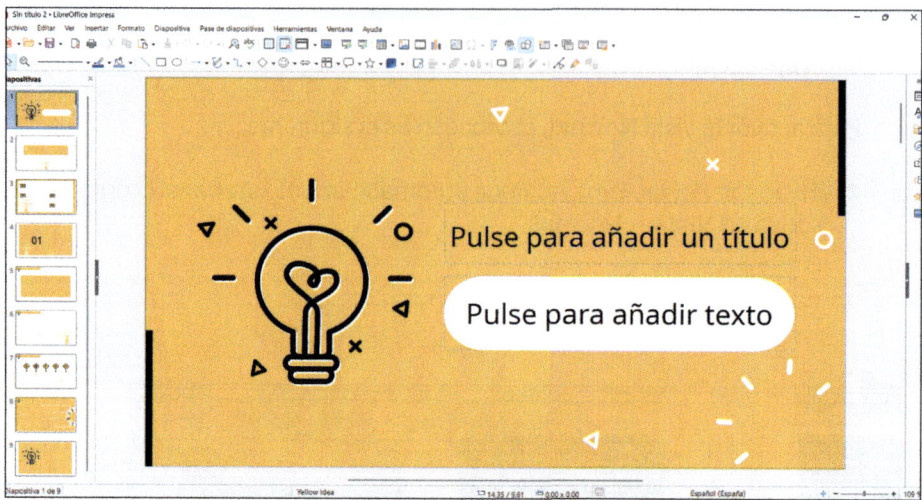

Para activar la vista **Clasificador de diapositivas:**

➲ *Microsoft PowerPoint.* **Vista → Clasificador de diapositivas.**

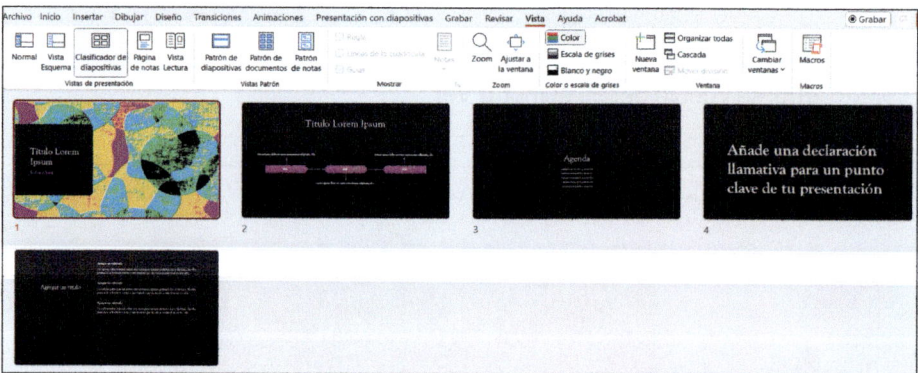

➲ *Google Presentaciones.* **Ver** → **Vista de cuadrícula,** que es el equivalente al Clasificador de diapositivas.

➲ *LibreOffice Impress.* **Ver** → **Clasificador de diapositivas.** En esta vista se muestran todas las diapositivas en miniatura.

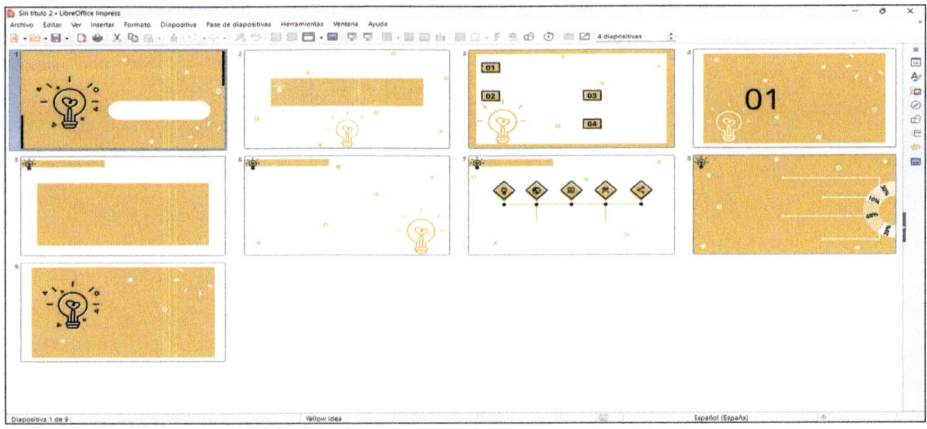

Para activar la **Vista Esquema:**

➲ *Microsoft PowerPoint.* **Vista** → **Esquema** (aparece en el panel lateral con el texto de todas las diapositivas).

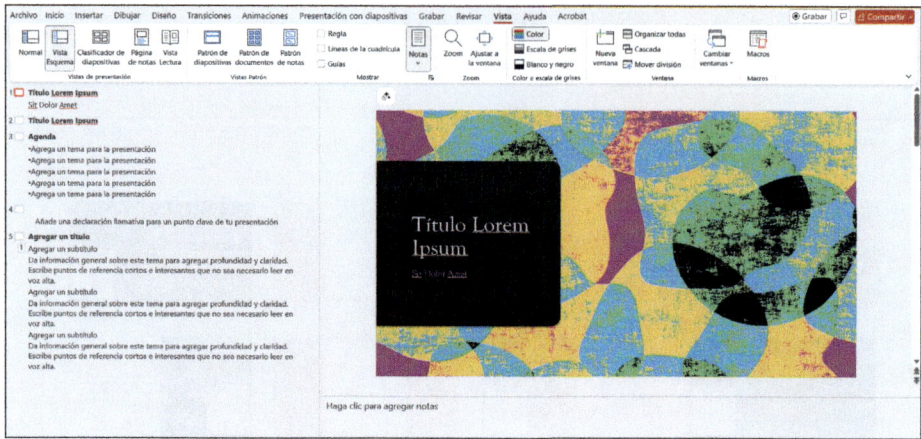

➲ *Google Presentaciones.* No tiene una vista de esquema ni un modo que muestre el texto de todas las diapositivas como índice. Su opción más cercana es el panel lateral de diapositivas de la vista normal, aunque solo muestra miniaturas y no permite revisar la estructura textual.

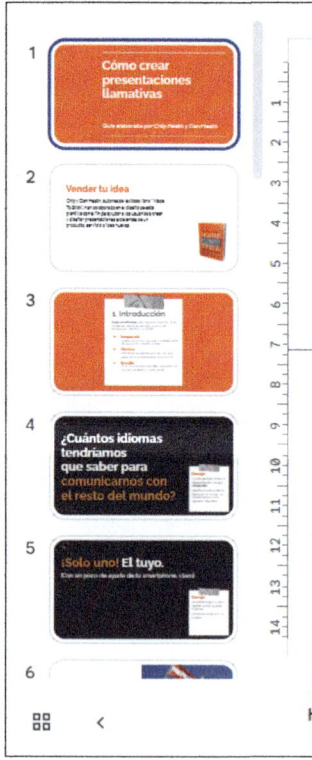

◑ *LibreOffice Impress.* Se activa mediante el menú **Ver → Esquema.**

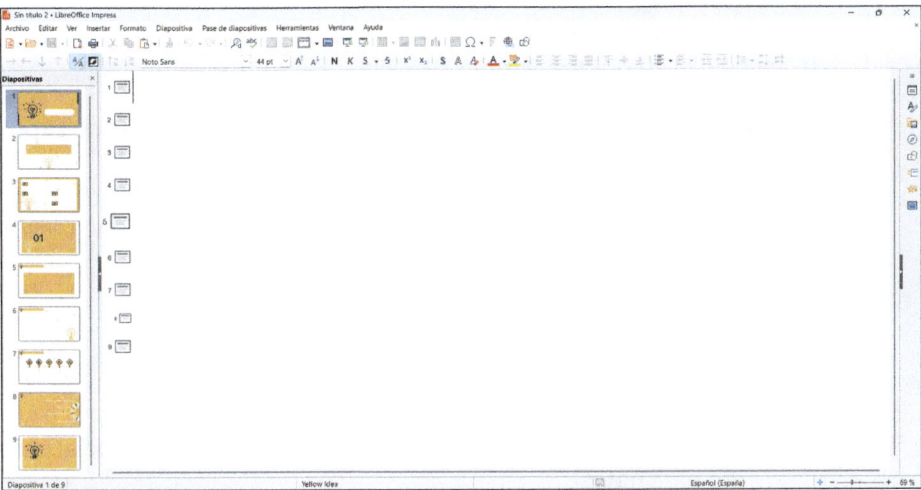

---

## 3.3. Vista de Notas y Presentación con diapositivas

En las fases finales de preparación, además de diseñar y organizar diapositivas, es importante pensar en la **exposición oral** y en la forma en que el público verá la presentación.

Para ello, se utilizan la vista de **Notas** y la vista de **Presentación con diapositivas:**

◑ **Notas.** Permite escribir comentarios o recordatorios asociados a cada diapositiva. Estas notas no aparecen en pantalla durante la presentación, pero sirven como guía para quien expone. Permite:

   ◔ Preparar el discurso oral.
   ◔ Añadir ejemplos, datos o recordatorios que no deben aparecer en la diapositiva.
   ◔ Evitar saturar el contenido visual.
   ◔ Facilitar la exposición en clase, reuniones o defensas de trabajos.

Es la vista más útil para preparar la intervención sin modificar el diseño.

◑ **Presentación con diapositivas.** Es la vista final, utilizada para mostrar la presentación al público en pantalla completa. Permite:

- ◑ Ver el diseño final tal como lo verá la audiencia.
- ◑ Comprobar la legibilidad del texto.
- ◑ Revisar imágenes, colores y contrastes.
- ◑ Ensayar la transición entre diapositivas.
- ◑ Evaluar la fluidez del discurso visual.

Es una herramienta esencial para detectar ajustes finales antes de exponer.

Para activar estas vistas en *Microsoft PowerPoint, Google Presentaciones* y *LibreOffice Impress* el proceso es el siguiente:

**➲ Notas:**

◑ *Microsoft PowerPoint:*

⇕ **Vista → Página de notas** (muestra debajo de la diapositiva el cuadro para notas).

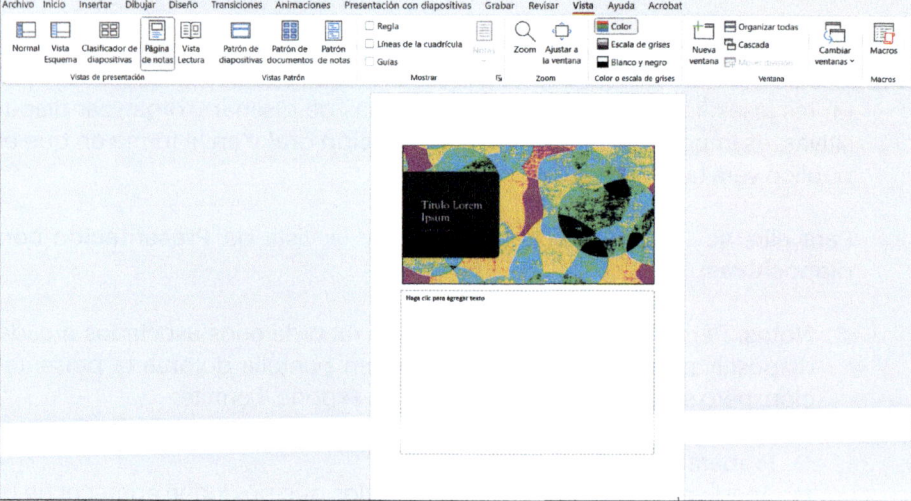

◑ *Google Presentaciones:*

⇕ **Ver → Notas del orador.**

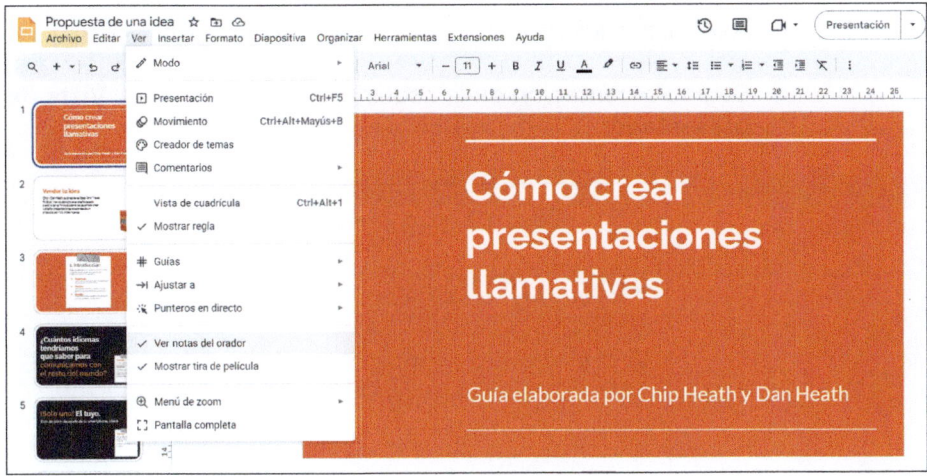

○ *LibreOffice Impress:*

⇕ **Ver → Notas.**
⇕ Muestra la diapositiva en la parte superior y el área de notas debajo para preparar la exposición.

➲ **Presentación con diapositivas:**

○ *Microsoft PowerPoint:*

⇕ **Presentación con diapositivas → Desde el principio.**
⇕ **Presentación con diapositivas → Desde la diapositiva actual.**

◑ *Google Presentaciones:*

⇕ Botón **Presentación** en la esquina superior derecha y **Vista de presentador.**

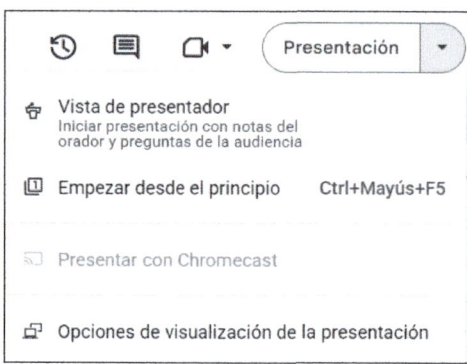

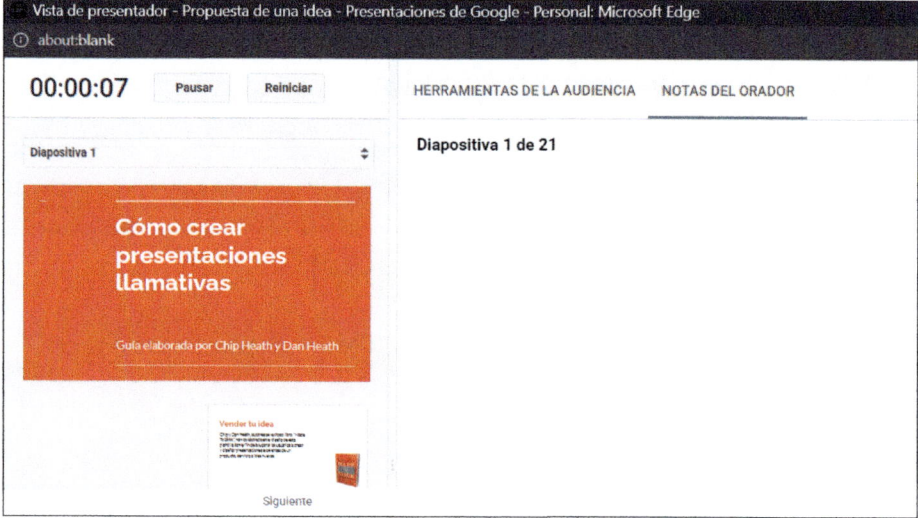

◑ *LibreOffice Impress:*

⇕ En *LibreOffice Impress,* la vista de **Presentación** se activa desde el menú **Pase de diapositivas,** utilizando la opción **Iniciar presentación** o **Iniciar desde la diapositiva actual.**

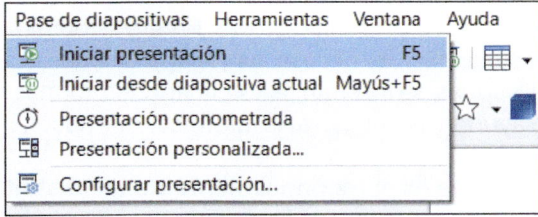

De este modo se muestra la presentación a pantalla completa tal como la verá el público.

 ## ACTIVIDAD 1

Roberto ya ha creado varias diapositivas, pero necesita reorganizar el contenido y preparar su exposición. Mientras prepara su presentación, quiere revisar el orden general de todas las diapositivas, identificando si hay repeticiones, saltos de contenido o problemas en la secuencia. ¿Qué vista debería utilizar para realizar esta revisión global de forma rápida y visual?

# 4. Resumen

El uso de aplicaciones de presentaciones forma parte del trabajo cotidiano en contextos académicos y profesionales. Las aplicaciones más utilizadas son *Microsoft PowerPoint, Google Presentaciones* y *LibreOffice Impress,* que comparten funciones esenciales: crear una nueva presentación, abrir archivos existentes, guardar o exportar contenido, añadir y gestionar diapositivas, insertar texto e imágenes, y utilizar herramientas de diseño para dar forma al mensaje.

Las tres herramientas presentan una interfaz similar:

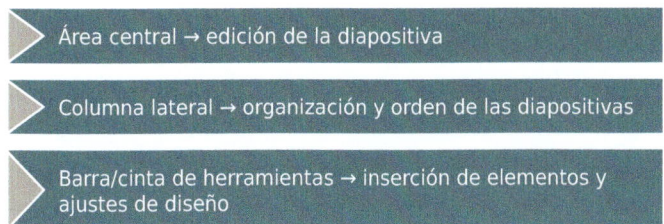

Área central → edición de la diapositiva

Columna lateral → organización y orden de las diapositivas

Barra/cinta de herramientas → inserción de elementos y ajustes de diseño

Para construir una presentación desde cero se empieza por crear el archivo, añadir las diapositivas necesarias y elegir diseños que encajen con el contenido. Después, se insertan textos, imágenes, formas, iconos, tablas o gráficos que ayudan a estructurar la información y hacerla más visual.

Una parte clave es el **reconocimiento de los distintos tipos de vista,** ya que cada una sirve para una fase diferente del trabajo:

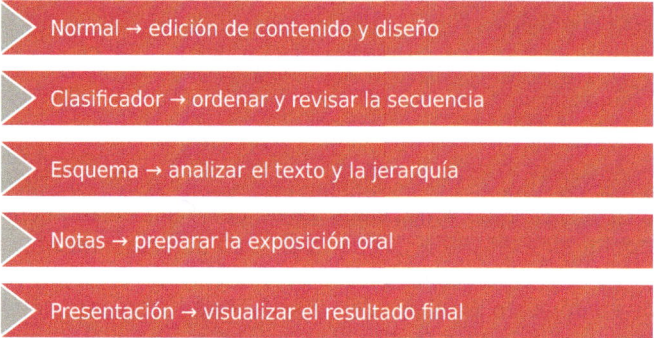

- Normal → edición de contenido y diseño
- Clasificador → ordenar y revisar la secuencia
- Esquema → analizar el texto y la jerarquía
- Notas → preparar la exposición oral
- Presentación → visualizar el resultado final

Comprender cuándo utilizar cada vista mejora la organización del trabajo, la calidad del diseño y la claridad del mensaje.

# 1. Introducción

Después de aprender a orientarse en la interfaz y a reconocer los tipos de vista básicos en una aplicación de presentaciones, llega el momento de dar un paso más: convertir una diapositiva en un recurso visual realmente eficaz. Para lograrlo, es necesario combinar tres aspectos que determinan la calidad del diseño: la tipografía, la composición y el uso del color.

El formateo no consiste únicamente en embellecer la diapositiva, sino en facilitar la comprensión del mensaje y guiar la atención de quien la observa. Una elección adecuada de fuentes, una distribución equilibrada de los elementos y un uso coherente del color permiten transmitir la información de forma clara, profesional y adaptada al contexto en el que se presenta.

Roberto debe preparar una presentación para un encuentro con otros departamentos. Aunque ya domina la interfaz básica, descubre que sus diapositivas se ven desordenadas, con textos muy distintos entre sí y colores que no combinan. A medida que avanza, aprende cómo elegir tipografías adecuadas, aplicar normas de composición y usar el color con criterio.

# 2. Aplicación y reconocimiento de las distintas tipografías y normas básicas de composición, diseño y utilización del color

👉 **HILO CONDUCTOR**

Cuando Roberto revisa sus primeras diapositivas, se da cuenta de que usar muchas fuentes distintas solo genera confusión. También observa que colocar textos, imágenes y gráficos sin un orden dificulta la lectura. A medida que explora las herramientas de formateo, selecciona tipografías legibles, organiza los elementos siguiendo reglas sencillas de composición y descubre que el contraste de colores mejora la visibilidad.

- - - - - - - - - - - - - - - - - - - - - - - - - - - - - - - - - - - - - - -

Seleccionar bien la tipografía, organizar los elementos de forma ordenada y usar el color con criterio son pasos clave para crear presentaciones claras y profesionales.

Estos tres aspectos trabajan juntos:

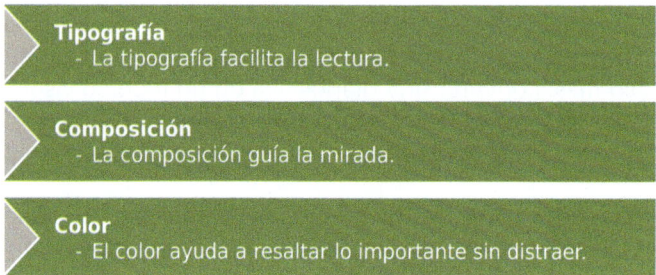

 **NOTA**

Aprender a combinar estas herramientas permite crear diapositivas accesibles, visualmente equilibradas y comprensibles para todas las personas que las vean.

## 2.1. Formateo de diapositivas, textos y objetos

El **formateo** es el conjunto de acciones que nos permite dar forma y coherencia visual a cada diapositiva. A través de él podemos ajustar el tamaño del texto, elegir el diseño de la diapositiva, colocar imágenes, alinear elementos o aplicar estilos que ayuden a comunicar mejor.

Las pautas básicas para un buen formateo son las siguientes:

ↄ **Organización inicial de la información:**

- ↻ Colocar el título en un lugar visible.
- ↻ Dividir el texto en bloques breves y comprensibles.
- ↻ Ubicar las imágenes y los gráficos de forma que acompañen al contenido sin taparlo.

ↄ **Uso de herramientas de alineación y distribución:**

- ↻ Alinear los elementos para mantener el equilibrio visual.

  ◗ Distribuir los objetos para evitar que queden amontonados o descompensados.

⊃ **Ajustes de texto y estilo:**

  ◗ Ajustar el tamaño de letra según el tipo de contenido.
  ◗ Aplicar negrita o cursiva cuando sea necesario para destacar ideas.
  ◗ Elegir un diseño de diapositiva adecuado al mensaje.

⊃ **Modificación de objetos visuales:**

  ◗ Cambiar el tamaño o la posición de las imágenes, los iconos o las formas.
  ◗ Adaptar flechas, recuadros u otros elementos para mantener el equilibrio y la claridad.

El formateo reúne todas las acciones que permiten dar coherencia visual a una diapositiva: ajustar el texto, organizar elementos, colocar imágenes y aplicar estilos que faciliten la lectura. Aunque los objetivos son los mismos, cada programa tiene sus propias herramientas.

A continuación, se explica cómo aplicar cada pauta básica en *Microsoft PowerPoint, Google Presentaciones* y *LibreOffice Impress*:

⊃ *Microsoft PowerPoint:*

  ◗ Organización inicial de la información:

    ⇳ Colocar el título desde el menú **Inicio.**
    ⇳ Dividir el contenido: **Insertar → Cuadro de texto** para crear bloques breves.
    ⇳ Colocar imágenes: **Insertar → Imágenes** y arrastrarlas para ubicarlas sin cubrir el texto.

  ◗ Alineación y distribución:

    ⇳ Alinear elementos: seleccionar varios objetos y pulsar en **Inicio** ⊠ **Organizar → Alinear.**

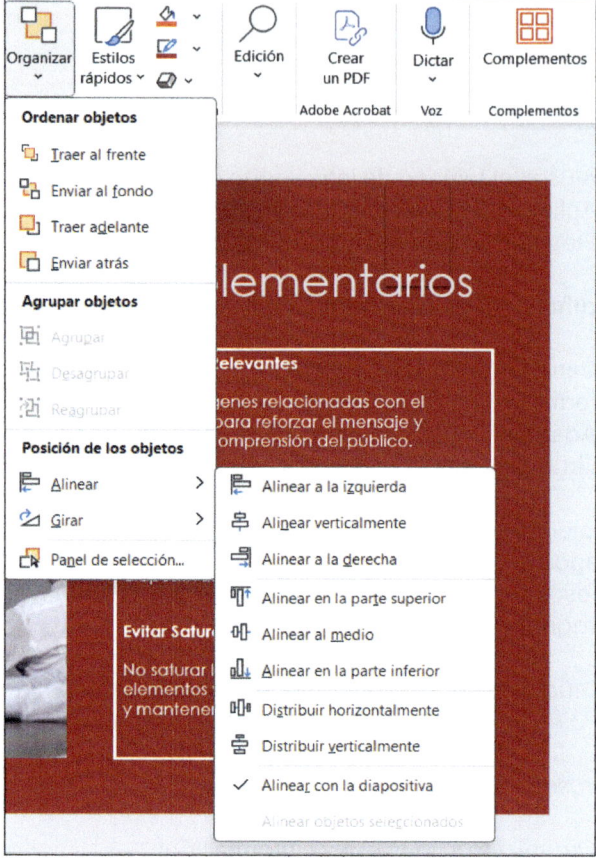

➊ Distribuir objetos:

⇕ **Inicio → Organizar → Distribuir horizontal / vertical.**
⇕ Las guías automáticas ayudan a centrar y mantener el equilibrio visual. Se activan en **Vista →Mostrar.**

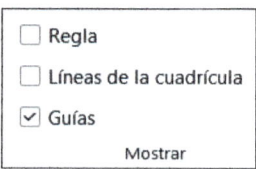

➊ Ajustes de texto y estilo:

⇕ Tamaño y estilo del texto: **Inicio → Fuente.**

⇕ Aplicar negrita, cursiva o subrayado desde los botones de formato.

⇕ Cambiar el diseño de la diapositiva desde el menú **Diseño.**

◑ Modificación de objetos visuales:

⇕ Cambiar el tamaño de las imágenes y las formas arrastrando desde los bordes.

⇕ Mover objetos mediante arrastre.

⇕ Aplicar estilos desde **Formato de imagen** o **Formato de forma** (bordes, sombras, recorte, color).

➲ *Google Presentaciones:*

◑ Organización inicial de la información:

⇕ Colocar el título usando **Diapositiva → Aplicar diseño.**

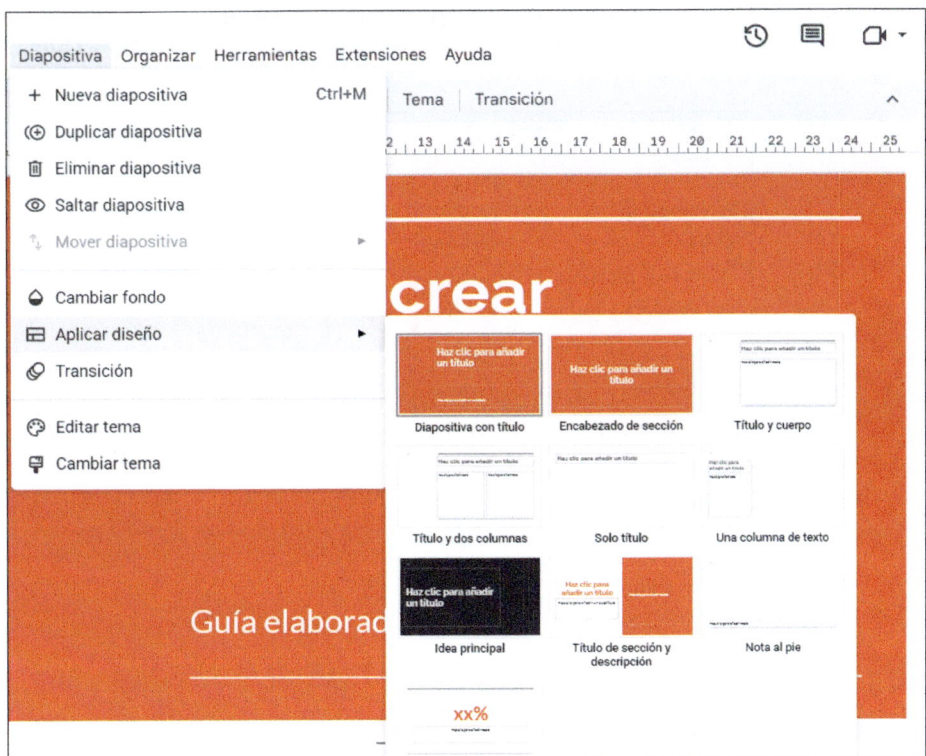

⇕ Dividir el contenido mediante **Insertar → Cuadro de texto.**

⇕ Insertar imágenes desde **Insertar → Imagen** y colocarlas mediante arrastre.

↺ Alineación y distribución:

⇕ Alinear objetos desde **Organizar → Alinear.**

⇕ Distribuir objetos desde **Organizar → Distribuir.**
⇕ *Google* muestra líneas guía para centrar y equilibrar en **Ver → Guías.**

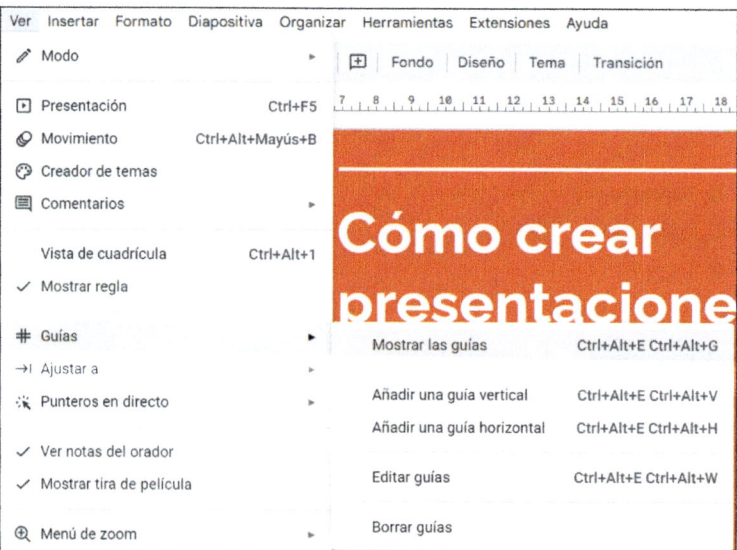

↺ Ajustes de texto y estilo:

⇕ Cambiar el tamaño de letra desde el menú superior.
⇕ Aplicar negrita o cursiva con los botones de formato.

⇕ Cambiar el diseño de la diapositiva desde **Diapositiva → Editar tema.**

◑ Modificación de objetos visuales:
  ⇕ Ajustar el tamaño o la posición arrastrando el objeto.
  ⇕ Editar imágenes desde el panel lateral **Opciones de formato.**
  ⇕ Modificar formas cambiando el color de relleno y el contorno desde la barra superior.

➲ *LibreOffice Impress:*

◑ Organización inicial de la información:

  ⇕ Seleccionar una diapositiva con zona de título ya preparada.
  ⇕ Insertar cuadros de texto desde **Insertar → Cuadro de texto.**
  ⇕ Insertar imágenes desde **Insertar → Imagen** y ajustarlas manualmente.

◑ Alineación y distribución:

  ⇕ Alinear objetos desde Formato → Alinear Objetos.

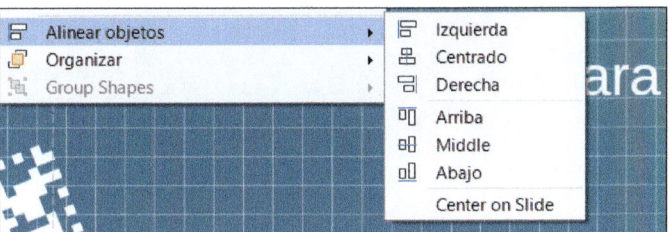

  ⇕ Distribuir elementos desde **Formato → Organizar.**

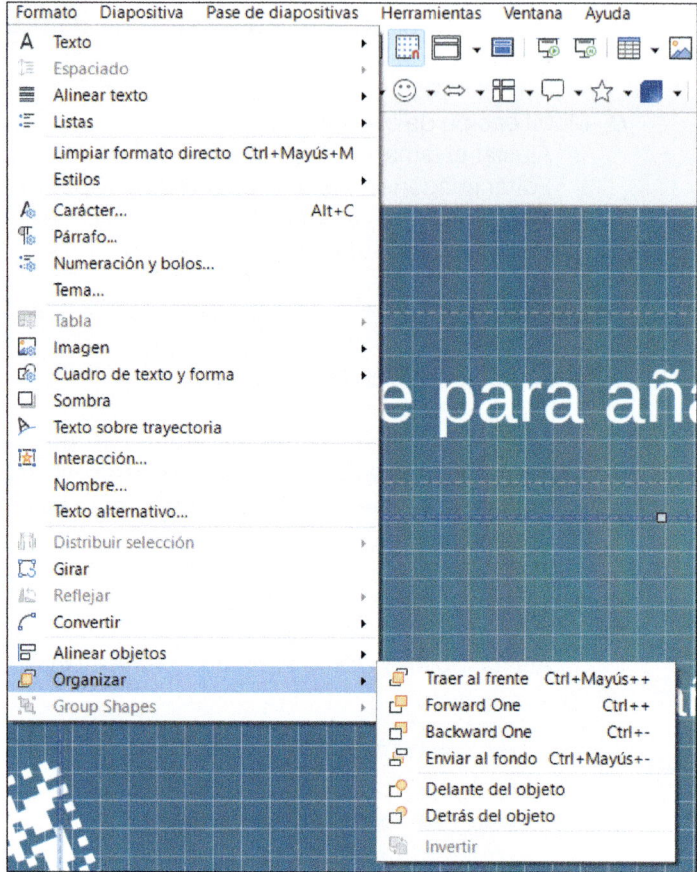

⇕ Activar guías desde **Ver → Guías** para facilitar el equilibrio visual.

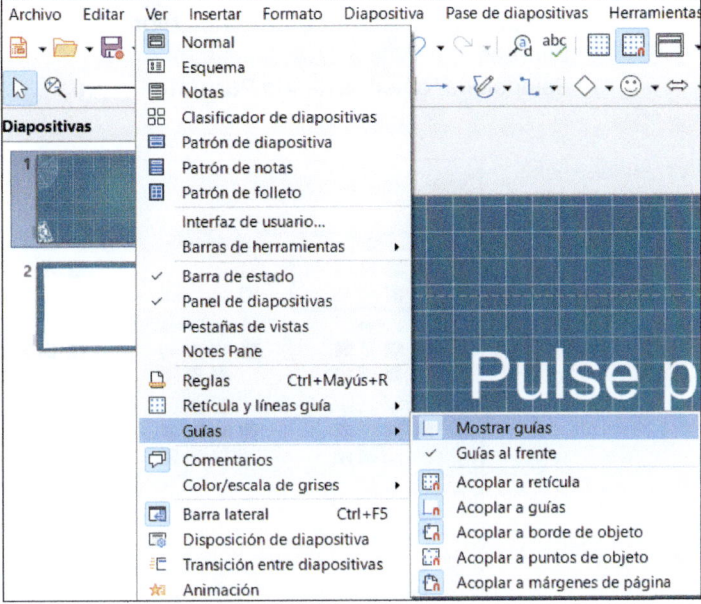

◐ Ajustes de texto y estilo:

↕ Modificar el tamaño y el tipo de letra desde la barra de formato o **Formato → Carácter.**

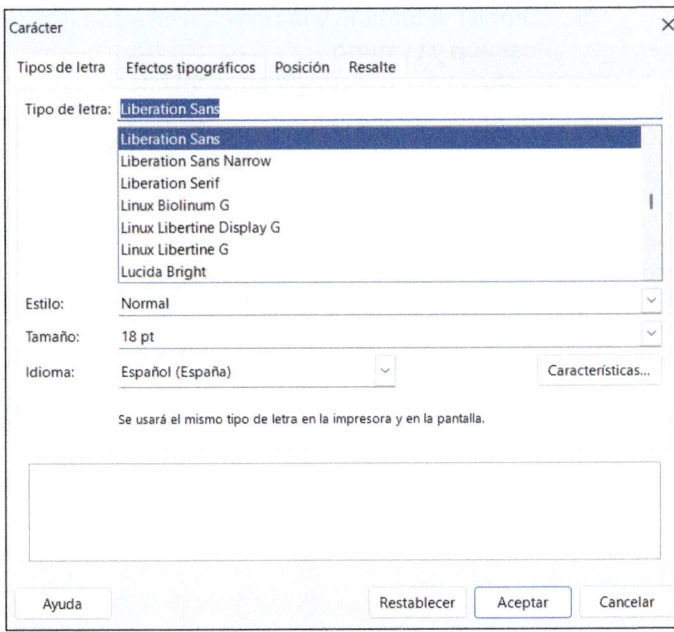

⇕ Aplicar estilos (negrita, cursiva, color) desde la barra de herramientas.

⇕ Seleccionar diseños desde **Formato → Tema.**

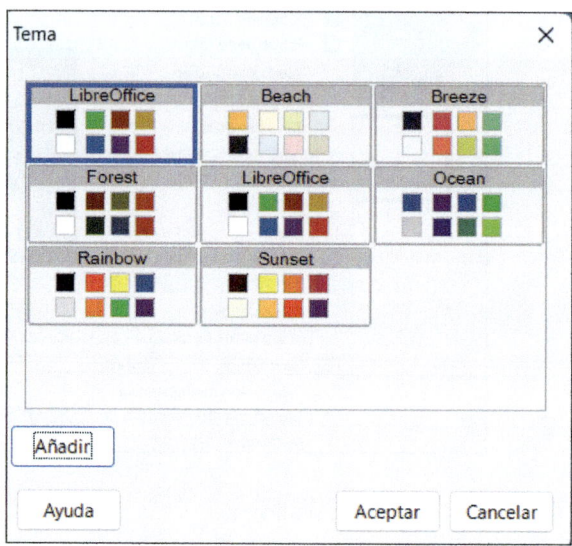

❂ Modificación de objetos visuales:

⇕ Cambiar el tamaño y la posición arrastrando o desde **Formato → Posición y tamaño.**

⇕ Ajustar imágenes desde el panel lateral (color, brillo, transparencia).

⇕ Modificar formas cambiando el relleno, el borde o la transparencia.

Al aprender a formatear correctamente, conseguimos que cada diapositiva sea más fácil de comprender. Esto favorece la inclusión, porque permite que personas con diferentes necesidades visuales puedan acceder a la información sin esfuerzo.

El objetivo no es decorar, sino comunicar con claridad, orden y coherencia según el contexto.

**Tabla de consejos de formateo: acciones según el contexto**

| Contexto | Texto | Imágenes y gráficos | Composición y diseño |
|---|---|---|---|
| Educativo (clase, formación básica) | Usar tamaño mínimo 24 pt. 1 idea por línea, máximo 5 líneas por diapositiva. Negrita solo para conceptos clave. | Insertar imágenes relacionadas y poner **Texto alternativo.** Simplificar gráficos eliminando elementos innecesarios (rejillas, etiquetas redundantes). | Usar diseño "Título y contenido". Dejar márgenes amplios. Alinear todo al centro o a la izquierda. |
| Presentación profesional o de empresa | Tipografías: Calibri o Arial, tamaño 24-32 pt. Evitar signos de exclamación y lenguaje informal. | Gráficos con colores corporativos. Insertar logotipo con tamaño pequeño en la esquina inferior. | Usar alineación estricta (**Inicio → Organizar → Alinear**). Mantener la misma estructura en todas las diapositivas. |
| Creativa (arte, diseño, publicidad) | Combinar dos tipografías como máximo (una decorativa y una legible). Variar tamaños para crear ritmo visual. | Usar imágenes grandes a toda anchura. Aplicar transparencias suaves (**Formato de imagen**). | Superponer elementos con cuidado. Usar colores de alto contraste. |
| Presentación técnica (ingeniería, informática) | Usar terminología exacta. No reducir demasiado el tamaño del texto técnico (mín. 22 pt). | Gráficos con datos exactos. Diagramas con conectores uniformes. | Evitar decoraciones. Mantener el fondo claro y limpio. |
| Informe de resultados o presentación de datos | Titular claro por diapositiva: "Conclusión", "Tendencia", "Comparativa". Resaltar cifras clave con color o negrita. | Usar gráficos de barras o líneas, nunca 3D. Etiquetar solo los datos más importantes. | Organizar la diapositiva en dos zonas: gráfico y explicación. |

## 2.2. Selección de tipografías y normas de legibilidad

La elección de la tipografía influye directamente en cómo se entiende un mensaje. Cuando preparamos una presentación, no solo elegimos palabras: también decidimos **cómo van a verse** esas palabras. Por eso es importante seleccionar fuentes que resulten fáciles de leer y que se adapten al tema y al público.

Para empezar, conviene utilizar tipografías sencillas y claras como:

- **Calibri.** Es una tipografía moderna y muy equilibrada. Sus formas redondeadas y su grosor uniforme facilitan la lectura en pantalla, especialmente en presentaciones digitales. Es una buena opción cuando se busca un estilo actual, limpio y profesional. Además, funciona muy bien en textos largos porque no cansa la vista.

# Calibri

- **Arial.** Es una de las tipografías más utilizadas en entornos educativos y profesionales. Su diseño simple y recto hace que se lea con facilidad incluso en proyectores antiguos o en pantallas con poca resolución. Es una opción segura cuando se quiere claridad sin complicaciones, y combina bien con casi cualquier diseño de diapositiva.

# Arial

- **Verdana.** Fue diseñada específicamente para verse bien en pantalla, por lo que sus letras son más anchas y tienen mucho espacio entre caracteres. Esto la convierte en una excelente opción cuando se necesita asegurar una lectura cómoda desde lejos, como en aulas grandes o salas de reuniones. También es muy adecuada para personas con dificultades visuales leves, ya que su forma abierta mejora la legibilidad.

# Verdana

Estas fuentes permiten que cualquier persona, independientemente de su edad o experiencia con las presentaciones, pueda leer el contenido sin esfuerzo.

## NOTA

También es recomendable limitar el número de tipografías: usar una para los títulos y otra para el cuerpo del texto suele ser suficiente. Esto aporta coherencia visual y evita que las diapositivas parezcan desordenadas.

Además, la tipografía debe acompañar al mensaje. Por ejemplo, si la presentación es profesional, es mejor elegir fuentes formales; si es una actividad más creativa, podemos optar por estilos menos rígidos, siempre que sigan siendo legibles.

La legibilidad también se mejora utilizando un **tamaño de letra adecuado,** evitando textos demasiado pequeños o decorativos.

El tamaño de letra es uno de los factores que más influyen en la claridad de una presentación. Aunque pueda parecer un detalle menor, elegir un tamaño adecuado determina si el público puede leer el contenido sin esfuerzo.

Para garantizar una buena legibilidad, es recomendable seguir estas orientaciones:

**Títulos**
- Deben destacar claramente. Un tamaño entre 36 y 44 puntos permite que se identifiquen al instante y que la diapositiva tenga una jerarquía visual clara.

**Texto principal**
- Nunca debería ser inferior a 24 puntos. Este tamaño garantiza que las personas situadas en la parte trasera de la sala puedan leerlo sin dificultad.

**Notas, ejemplos o textos secundarios**
- Pueden situarse entre 20 y 22 puntos, siempre que no contengan información esencial. Si el contenido es importante, deben mantenerse con el tamaño principal.

Además, el tamaño de letra tiene relación directa con la cantidad de texto que debe incluirse. En una diapositiva, menos es más: si para que todo quepa hay que reducir excesivamente la letra, significa que el contenido debe simplificarse.

 **CONSEJO**

Una buena práctica consiste en mantener un límite de cinco líneas por diapositiva y usar frases cortas, lo que mejora la comprensión y evita que el público tenga que leer demasiado mientras escucha la explicación.

La distancia también influye. Una letra que parece suficientemente grande en el ordenador puede resultar demasiado pequeña cuando se proyecta. Por eso es útil comprobar la presentación desde diferentes distancias o utilizar la vista previa en modo presentación antes de exponer.

 **NOTA**

Aplicando estas normas sencillas de composición y diseño conseguimos que cada diapositiva comunique de forma clara, inclusiva y agradable, facilitando que todas las personas sigan la exposición sin esfuerzo.

## 2.3. Uso del color, armonías y contraste en presentaciones

Cuando diseñamos una diapositiva, no solo importa lo que contamos, sino **cómo lo ordenamos.** La composición y el uso del color ayudan a que el mensaje llegue de forma clara, fluida y agradable para cualquier persona que esté viendo la presentación.

Para que una diapositiva resulte fácil de entender, es importante colocar los elementos siguiendo un orden visual lógico. Esto significa situar el título donde se lea con facilidad, distribuir el texto en bloques breves y acompañarlo de imágenes o gráficos que aporten información sin saturar la pantalla.

## 💬 CONSEJO

Una norma útil consiste en dejar espacios en blanco: no se trata de llenarlo todo, sino de ayudar a que el ojo descanse y encuentre rápidamente lo esencial.

El **color** también juega un papel fundamental en la comprensión visual de una presentación. Una buena elección de colores puede dirigir la atención, facilitar la lectura y reforzar el mensaje sin provocar distracciones. Para lograrlo, es importante elegir **combinaciones armónicas,** es decir, colores que se complementen bien y no compitan entre sí:

**Colores muy saturados**
- Los colores muy saturados —como rojos intensos, verdes brillantes o azules eléctricos— funcionan mejor cuando se usan para destacar ideas clave, ya que llaman la atención de inmediato. Sin embargo, si se emplean en exceso pueden resultar cansados para la vista o incluso dificultar la lectura. Por eso, se recomienda reservarlos para elementos como palabras destacadas, flechas, iconos o datos importantes.

**Tonos suaves o neutros**
- Los tonos suaves o neutros —como grises claros, cremas o azules apagados— ayudan a mantener un ambiente equilibrado y agradable. Son ideales para fondos, áreas amplias o diapositivas que contienen mucha información, ya que no saturan la pantalla y permiten que el contenido principal destaque.

Otro aspecto esencial es el **contraste entre el texto y el fondo.** Para que cualquier persona pueda leer con comodidad, debe existir una diferencia clara entre ambos. Funciona muy bien:

**Texto oscuro sobre fondo claro**
- Como negro o gris sobre blanco o beige.

**Texto claro sobre fondo oscuro**
- Como blanco sobre azul marino o gris antracita.

## IMPORTANTE

El contraste insuficiente (por ejemplo, gris claro sobre fondo blanco o amarillo sobre verde) dificulta la lectura, especialmente en pantallas de baja calidad o para personas con visión reducida.

- - - - - - - - - - - - - - - - - - - - - - - - - - - - - - - - - - - - - - - - - -

Además, limitar la paleta de colores a dos o tres tonos principales ayuda a mantener coherencia visual en toda la presentación. El objetivo es que las diapositivas se vean ordenadas y accesibles, evitando mezclas demasiado llamativas o confusas.

## TAREA 2

Roberto va a continuar trabajando sobre la presentación creada en la actividad anterior. Aunque la presentación ya contiene las diapositivas y los elementos básicos, al revisarla se da cuenta de que el diseño puede mejorarse: algunos textos no se leen bien, los elementos no están bien organizados y el uso del color no ayuda a destacar la información importante.

Roberto debe editar la presentación existente utilizando la herramienta de presentaciones para mejorar el diseño visual de al menos una de las diapositivas, aplicando criterios básicos de tipografía, composición y uso del color, de forma que el contenido resulte claro, legible y coherente para una presentación en sala. ¿Cómo puede hacerlo?

- - - - - - - - - - - - - - - - - - - - - - - - - - - - - - - - - - - - - - - - - -

# 3. Creación de presentaciones sencillas incorporando texto, gráficos, objetos y archivos multimedia

☞ **HILO CONDUCTOR**

Para mejorar su presentación, Roberto decide añadir imágenes, un pequeño vídeo explicativo y algunos gráficos que resumen los datos clave. Al principio duda sobre dónde insertarlos y cómo evitar que saturen la diapositiva. Con la práctica, aprende a integrar cada elemento multimedia de forma equilibrada, apoyándose en plantillas y asistentes que lo ayudan a estructurar mejor el contenido.

Una presentación eficaz no necesita ser complicada: lo importante es combinar distintos elementos —texto, imágenes, gráficos y recursos multimedia— de manera equilibrada para apoyar el mensaje.

 **NOTA**

Crear diapositivas sencillas permite que el público se concentre en las ideas principales sin distraerse con excesos visuales.

## 3.1. Inserción y edición de textos, imágenes, gráficos y formas

El primer paso es insertar **textos breves y directos,** utilizando frases cortas que resuman la información más relevante. Esto ayuda a que cualquier persona pueda seguir la explicación sin leer párrafos largos en pantalla.

A continuación, se pueden añadir imágenes o gráficos que complementen lo que se está diciendo. Por ejemplo, un gráfico puede mostrar datos de forma clara, mientras que una imagen puede ilustrar un concepto o dar contexto visual.

También es posible incorporar **formas, iconos u otros objetos,** que sirven para señalar partes importantes, organizar la información o crear pequeñas guías visuales dentro de la diapositiva.

## IMPORTANTE

Estos elementos deben usarse con moderación para evitar que la presentación parezca demasiado cargada.

- - - - - - - - - - - - - - - - - - - - - - - - - - - - - - - - - - - - - -

Todas las aplicaciones de presentaciones permiten insertar elementos visuales de manera sencilla.

A continuación, se explica cómo es el proceso en *Microsoft PowerPoint, Google Presentaciones* y *LibreOffice Impress:*

- **Insertar y editar textos.** El texto es el elemento principal para transmitir la idea central. Debe ser breve, directo y fácil de leer. Un buen texto guía al público sin saturar la diapositiva.

  - En *Microsoft PowerPoint:*

    1. Ir a **Insertar → Cuadro de texto.**

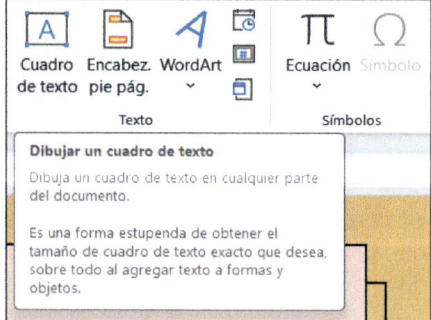

    2. Dibujar el cuadro y escribir.
    3. Ajustar el tamaño y el estilo en **Inicio → Formato de forma.**

⟳ En *Google Presentaciones:*

1. Seleccionar Insertar → Cuadro de texto.

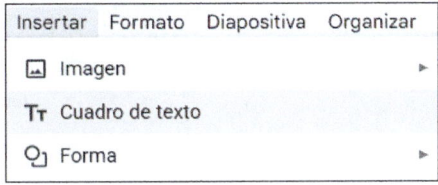

2. Arrastrar para crear el área de texto.
3. Dar formato desde la barra superior.

⟳ En *LibreOffice Impress:*

1. Pulsar en **Insertar** → **Cuadro de texto.**

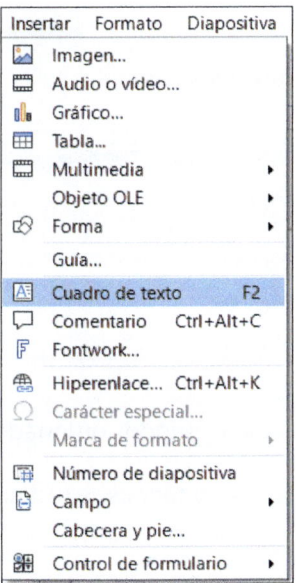

2. Escribir dentro del área creada.
3. Modificar el estilo desde la barra de formato.

⟳ **Insertar y editar imágenes.** Las imágenes ilustran ideas, aclaran conceptos y ayudan a que la presentación sea más visual. Deben complementar al texto, no sustituirlo ni competir con él.

- En *Microsoft PowerPoint:*

   1. **Insertar → Imágenes.**

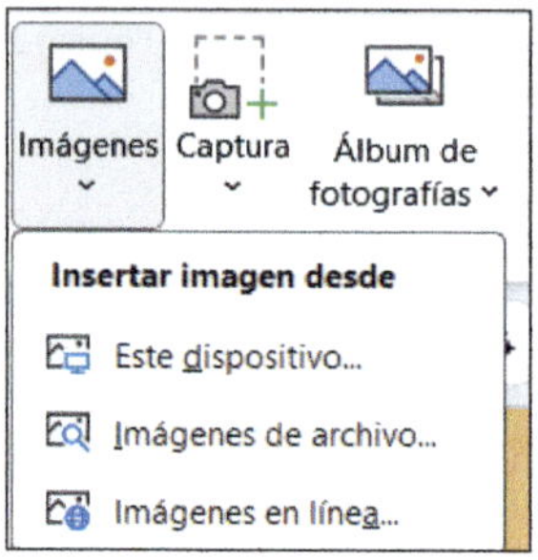


   2. Elegir entre dispositivo, archivo o en línea.
   3. Ajustar el tamaño y la posición desde **Formato de imagen.**

- En *Google Presentaciones:*

   1. **Insertar → Imagen.**

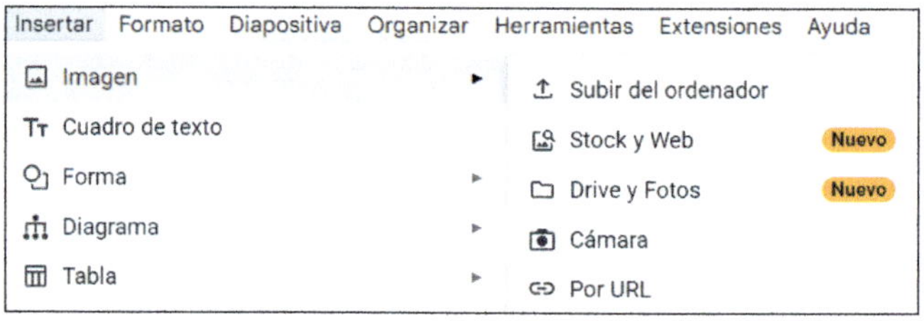


   2. Seleccionar origen: ordenador, *Google Drive, Google Fotos* o URL.
   3. Ajustar y recortar desde el menú superior.

- En *LibreOffice Impress:*

   1. **Insertar → Imagen.**

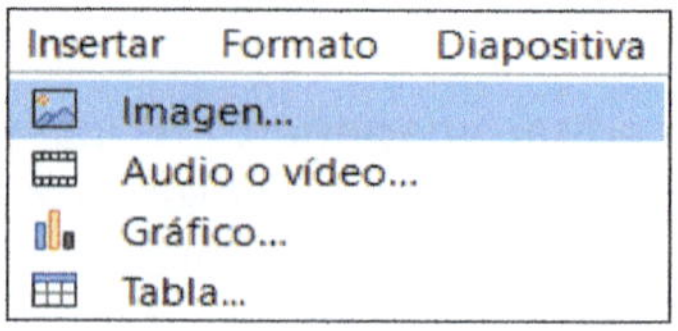

2. Seleccionar el archivo.
3. Ajustar el tamaño y las propiedades desde la barra lateral.

➲ **Insertar y editar gráficos.** Los gráficos permiten representar datos de forma visual y comprensible. Son ideales para mostrar comparaciones, porcentajes o tendencias sin usar demasiado texto.

◑ En *Microsoft PowerPoint:*

1. Ir a **Insertar → Gráfico.**

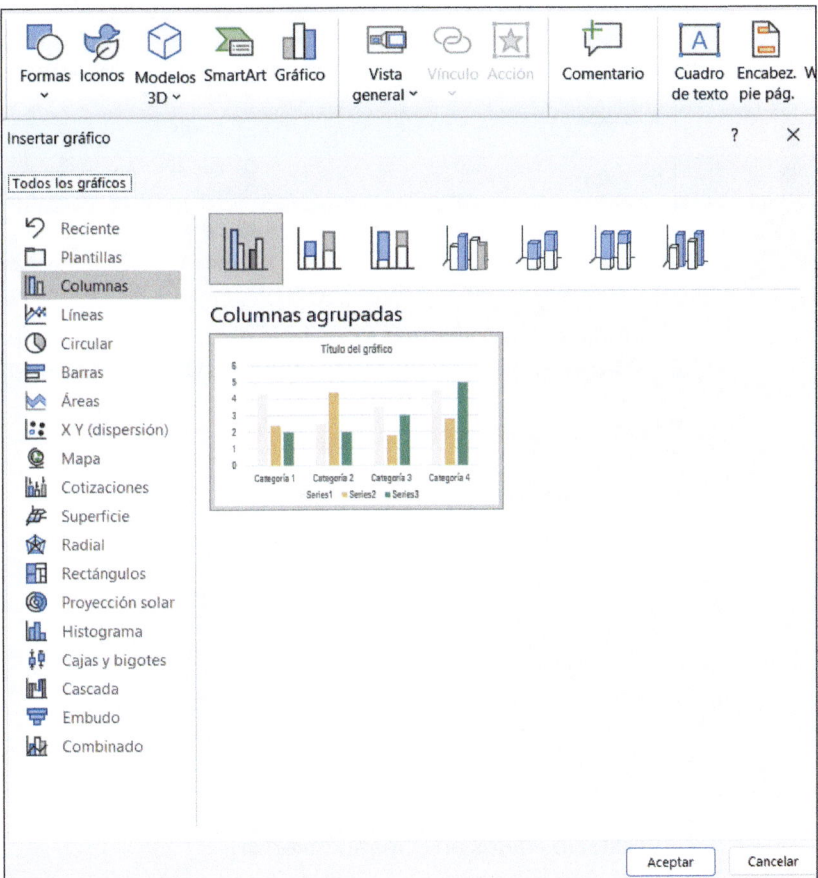

2. Elegir el tipo: barras, líneas, sectores, etc.
3. Editar los datos en el Excel que se abre automáticamente.

↻ En *Google Presentaciones:*

1. Seleccionar **Insertar → Gráfico.**

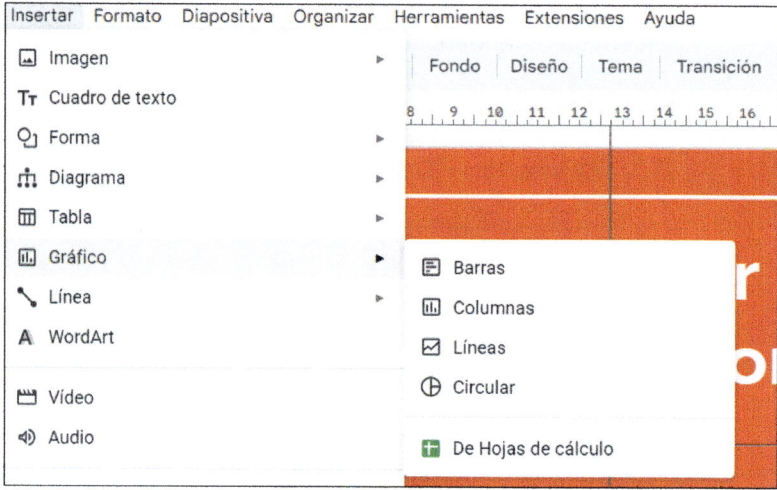

2. Elegir el tipo o vincular a una hoja de cálculo de *Google Sheets.*
3. Personalizar los colores y las etiquetas desde el panel lateral.

↻ En *LibreOffice Impress:*

1. Pulsar en **Insertar → Gráfico.**

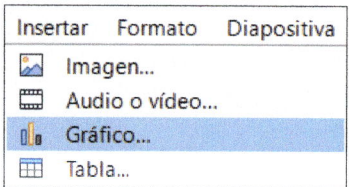

2. Editar los datos en el menú **Insertar.**

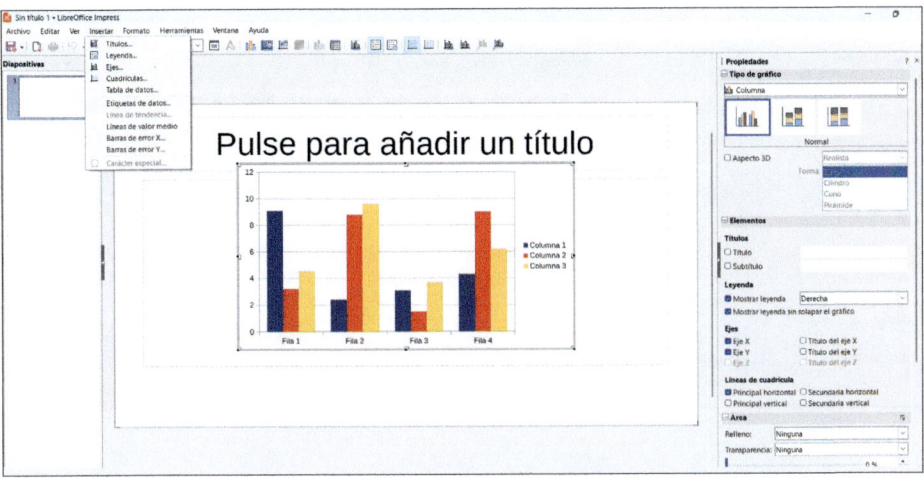

3. Personalizar el estilo desde **Formato** del objeto de gráfico.

● **Insertar y editar formas e iconos.** Las formas ayudan a resaltar ideas, crear esquemas, señalar información o dividir el contenido de forma visual. Son básicas para mejorar la composición.

Ü En *Microsoft PowerPoint:*

1. **Insertar** → **Formas** (flechas, rectángulos, círculos...) e **Iconos.**

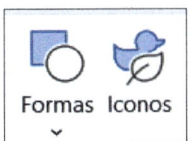

2. Dibujar la forma en la diapositiva.
3. Personalizar desde **Formato de forma.**

Ü En *Google Presentaciones:*

1. **Insertar** → **Forma.**

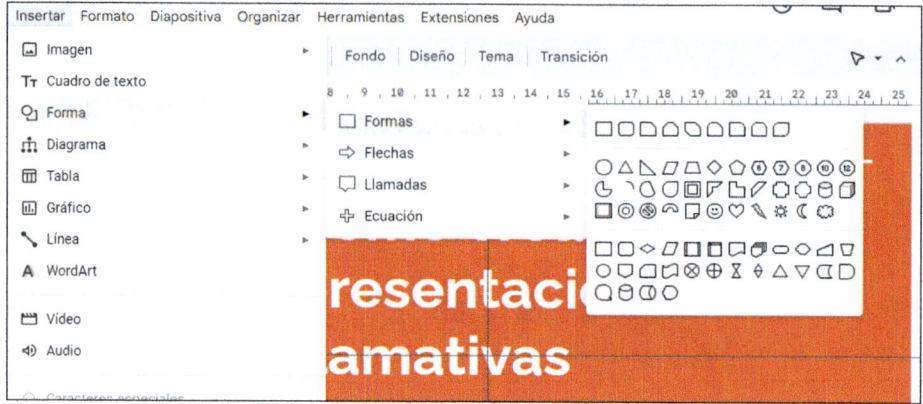

2. Elegir la categoría: formas básicas, flechas, llamadas o ecuaciones.
3. Modificar el color y el borde desde la barra superior.

☉ En *LibreOffice Impress:*

1. Usar **Insertar → Forma.**

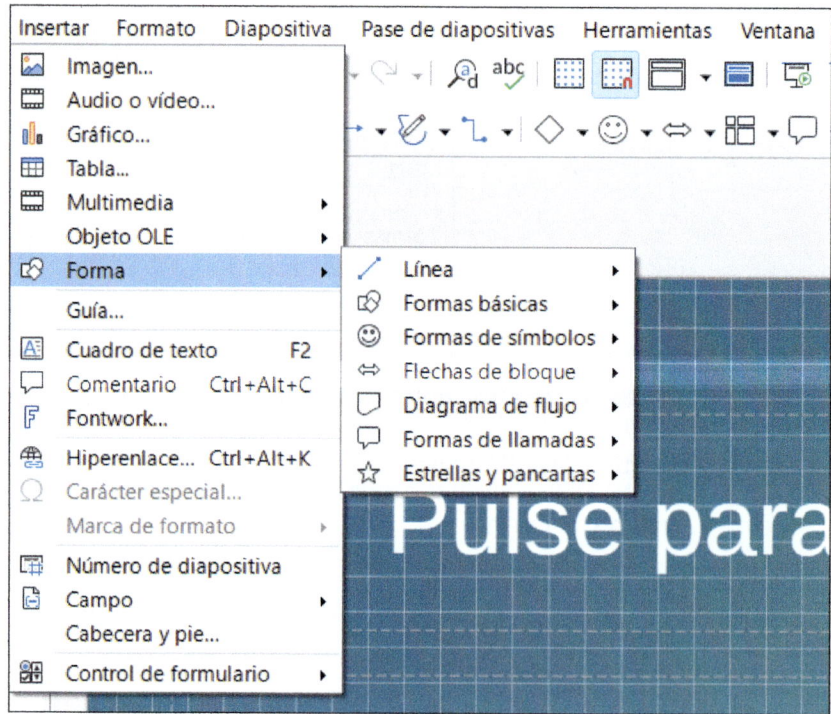

2. Insertar y colocar en la diapositiva.
3. Cambiar el color, el contorno y la transparencia desde el panel lateral.

## 3.2. Integración de audio, vídeo y otros archivos multimedia

El uso de **archivos multimedia** —como vídeos breves, clips de audio o narraciones— puede aportar dinamismo. Estos recursos ayudan a explicar procesos, mostrar ejemplos reales o reforzar el contenido de manera atractiva.

**IMPORTANTE**

Deben integrarse solo cuando realmente aporten valor y siempre comprobando que se reproducen sin problemas.

A continuación, se detalla cómo se hace este proceso en los diferentes programas:

● *Microsoft PowerPoint.* Es el programa más completo en cuanto a multimedia. Permite insertar vídeos, audio, narraciones y controlar la reproducción con muchas opciones avanzadas.

    ◑ Insertar vídeo:

       1. Ir a **Insertar** → **Multimedia** → **Vídeo.**

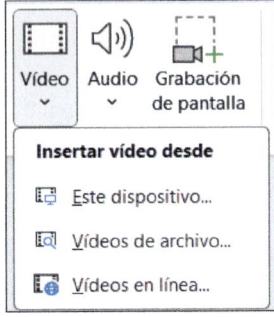

2. Elegir:

- Este dispositivo.
- Vídeos de archivo.
- Vídeo en línea *(YouTube* u otros enlaces).

3. Ajustar el tamaño arrastrando los bordes.

4. Configurar la reproducción desde **Reproducción:**

- Automática.
- Al hacer clic.
- En bucle.

◡ Insertar audio:

1. Ir a **Insertar → Audio.**

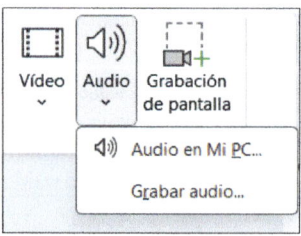

2. Elegir:

- **Audio en mi PC.**
- **Grabar audio** (crear tu propia narración).

3. Seleccionar las opciones de reproducción.

○ Añadir narraciones:

1. **Presentación con diapositivas → Grabar.**

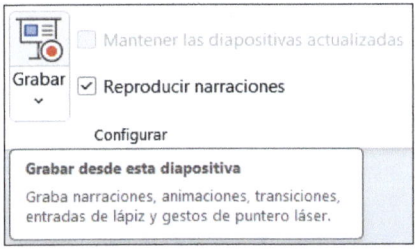

2. Narrar en el panel de grabación mientras *PowerPoint* avanza automática o manualmente por las diapositivas.

3. La narración puede reproducirse durante la presentación.

➲ *Google Presentaciones.* Es más limitado. Permite insertar vídeos y audios, pero solo desde *Google Drive* o *YouTube*. No admite grabar narración directamente.

◑ Insertar vídeo:

1. **Insertar → Vídeo.**
2. Elegir:

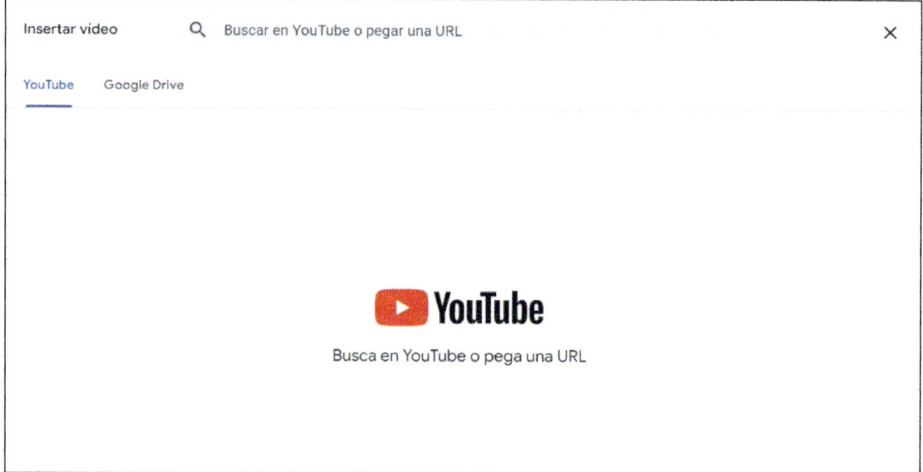

- **YouTube.**
- **Google Drive.**
- **URL.**

3. Ajustar el tamaño.
4. Configurar la reproducción en el panel lateral:

- **Automática.**
- **Al hacer clic.**
- **Con o sin sonido.**

◑ Insertar audio:

1. **Insertar → Audio** (solo archivos en *Google Drive*).
2. Seleccionar el audio.

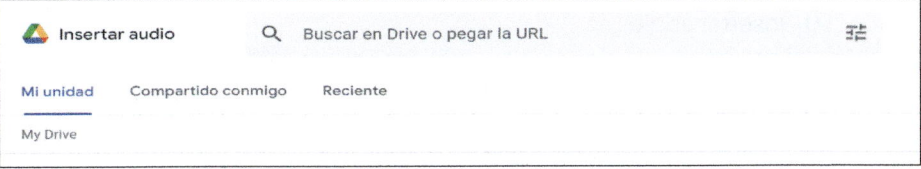

3. Ajustar las opciones en el panel derecho:

- **Reproducir automáticamente.**
- **Al hacer clic.**
- **Volumen.**
- **Ocultar icono.**

◑ Añadir narraciones:
◑ *Google Presentaciones* no graba audio directamente.
◑ Para añadir narraciones, se hace así:

1. Grabar la voz en el móvil o el ordenador.
2. Subir el archivo a *Google Drive.*
3. Insertarlo desde **Insertar** → **Audio.**

◑ Cada diapositiva puede tener su propio audio.

➲ *LibreOffice Impress.* Permite insertar audio y vídeo, pero con menos funciones de edición que *PowerPoint.* No tiene una herramienta de narración automática, pero permite añadir audio manualmente a cada diapositiva.

◑ Insertar vídeo:

1. **Insertar** → **Audio o vídeo.**

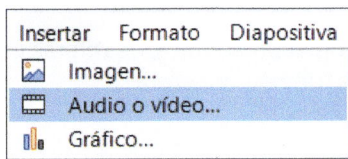

2. Seleccionar el archivo del ordenador.
3. Ajustar la posición y el tamaño.
4. Controlar la reproducción con la barra inferior.

◑ Insertar audio:

1. **Insertar → Audio o vídeo.**
2. Elegir el archivo MP3, WAV u otros formatos compatibles.
3. Insertarlo y colocarlo en la diapositiva.
4. Configurar la reproducción automática o manual en Propiedades.

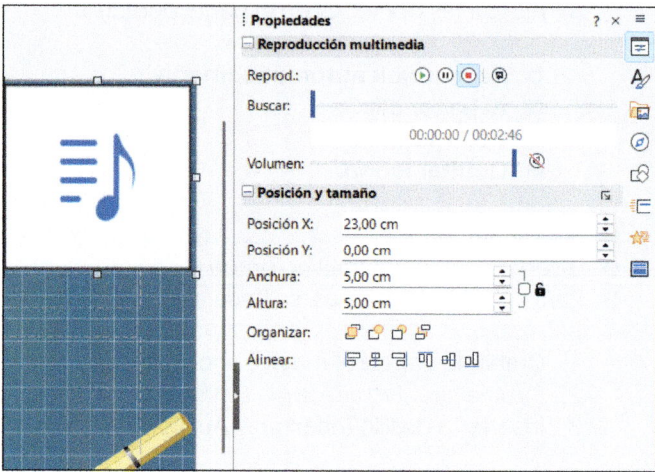

◑ Añadir narraciones:

↕ *Impress* no incluye la función de grabar narración.
↕ Para usar audio como narración:

1. Grabar la voz con otra aplicación.
2. Insertar el archivo desde **Insertar.**
3. Ajustar la duración y la reproducción para acompañar la diapositiva.

El objetivo final es crear presentaciones claras y accesibles, donde cada elemento cumpla una función concreta.

 **TAREA 3**

Roberto tiene que realizar una presentación de cierre del año para mostrar los resultados del equipo en una reunión interna.

*Continúa en página siguiente >>*

*<< Viene de página anterior*

La presentación debe servir para explicar, de forma clara y visual, la evolución del trabajo realizado durante el año, incluyendo datos sobre incidencias registradas y objetivos alcanzados (KPI) por trimestres.

Para ello, Roberto debe crear una presentación desde cero utilizando la herramienta de presentaciones que tenga disponible en su ordenador *(LibreOffice Impress, Microsoft PowerPoint o Google Presentaciones)* y aplicar tanto las opciones básicas de la aplicación como criterios de diseño, tipografía y uso del color.

La presentación debe cumplir los siguientes requisitos:

- Diapositiva 1: portada con título y subtítulo.
- Diapositiva 2: texto explicativo con los principales resultados del año.
- Diapositiva 3: gráfico o tabla con el número de incidencias por trimestre.
- Diapositiva 4: resumen visual de los KPI alcanzados y conclusiones.

Para realizar esta tarea debes generar (utilizando datos ficticios, puesto que lo relevante es cómo presentar los datos; no importa si los datos en sí carecen de sentido):

- El archivo de la presentación.
- El PDF generado a partir de la presentación.

---

 ## ACTIVIDAD 2

Para mejorar su presentación, Roberto decide añadir una imagen, un gráfico sencillo y un breve vídeo explicativo. ¿Cuál de las siguientes acciones demuestra que se ha creado una presentación sencilla incorporando correctamente texto, gráficos, objetos y archivos multimedia?

a. Llenar cada diapositiva con párrafos largos y varios vídeos para mostrar toda la información disponible.
b. Insertar texto breve, añadir un gráfico que resuma los datos y utilizar una imagen o un vídeo solo cuando aporta claridad al contenido.
c. Usar únicamente imágenes y vídeos, eliminando el texto para que la presentación sea más visual.
d. Colocar muchos iconos, formas y efectos en cada diapositiva para que resulte más llamativa.

---

## ACTIVIDAD COMPLEMENTARIA

2. Reflexiona sobre cómo integrar texto, imágenes, gráficos y recursos multimedia en una presentación sencilla, evitando la saturación visual y asegurando que cada elemento cumpla una función clara dentro del mensaje.

- ¿Por qué crees que es importante utilizar textos breves y directos en las diapositivas en lugar de párrafos largos? Explica cómo influye esto en la atención del público.
- Los elementos como formas, iconos o vídeos pueden enriquecer una presentación, pero también recargarla. ¿Qué criterios aplicarías para decidir si un elemento multimedia aporta valor o no?

# 4. Resumen

Una presentación clara se apoya en **decisiones visuales sencillas y coherentes.** El objetivo es que el público entienda el mensaje sin esfuerzo, evitando la saturación de texto, colores o elementos decorativos.

La lectura debe ser cómoda desde cualquier punto de la sala. Para lograrlo:

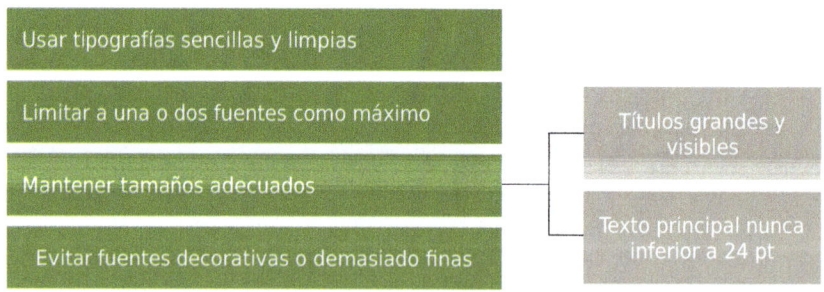

Una tipografía bien elegida ordena la información y transmite profesionalidad.

La **organización de la diapositiva** influye directamente en la comprensión. Colocar el título en una zona visible, dividir la información en bloques cortos y dejar espacios en blanco ayuda a guiar la mirada. La alineación y la distribución correcta de los elementos evitan el desorden visual y permiten que el público identifique rápidamente lo importante.

Por su parte, el **color** refuerza el contenido si se aplica con criterio:

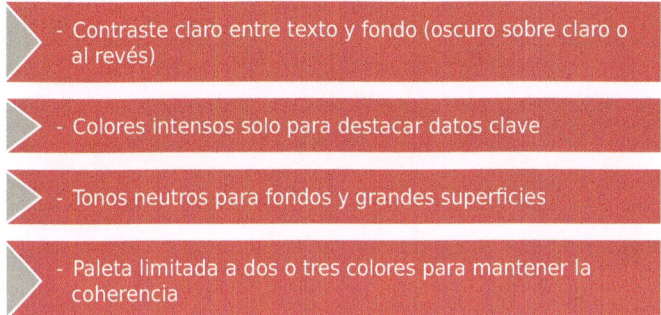

- Contraste claro entre texto y fondo (oscuro sobre claro o al revés)

- Colores intensos solo para destacar datos clave

- Tonos neutros para fondos y grandes superficies

- Paleta limitada a dos o tres colores para mantener la coherencia

El color debe ayudar a leer, no distraer.

Las **imágenes, los gráficos y las formas** deben complementar al texto, no sustituirlo ni competir con él. Los gráficos permiten resumir datos complejos de forma visual y comprensible, y las formas o los iconos ayudan a organizar la información o destacar ideas concretas. Usarlos con moderación es fundamental para no recargar la diapositiva.

Los **recursos multimedia** como audio o vídeo aportan valor cuando explican procesos, muestran ejemplos reales o refuerzan el mensaje. Deben ser breves, estar bien integrados y funcionar correctamente antes de la exposición. El objetivo es apoyar la explicación oral, no distraer la atención.

# Ejercicios de autoevaluación
# Unidad de Aprendizaje 2

1. ¿Qué aspecto debe considerarse primero al elegir una tipografía para una presentación?

    a. Que sea decorativa y llamativa.
    b. Que tenga muchos estilos distintos.
    c. Que sea legible y adecuada al contexto de la presentación.
    d. Que esté de moda.

2. ¿Cuál es la función principal de la composición en una diapositiva?

    a. Llenar el espacio disponible.
    b. Guiar la mirada y organizar la información de forma clara.
    c. Permitir incluir más texto.
    d. Decorar la presentación.

3. ¿Qué tamaño mínimo se recomienda para el texto principal en una diapositiva?

    a. 16 puntos.
    b. 18 puntos.
    c. 20 puntos.
    d. 24 puntos.

4. ¿Qué combinación mejora más la legibilidad del texto en una presentación?

    a. Texto claro sobre fondo claro.
    b. Texto de colores variados sobre fondo oscuro.
    c. Texto decorativo sobre imagen.
    d. Texto oscuro sobre fondo claro.

**5. Indica si las siguientes afirmaciones son verdaderas o falsas:**

a. Colocar el título en una zona visible ayuda a identificar rápidamente la idea principal.

- ■ Verdadero
- ■ Falso

b. Es recomendable llenar toda la diapositiva para aprovechar el espacio.

- ■ Verdadero
- ■ Falso

c. La alineación y la distribución de elementos contribuyen al equilibrio visual.

- ■ Verdadero
- ■ Falso

**6. ¿Qué criterio debe seguirse al usar color en una presentación?**

a. Utilizar muchos colores para llamar la atención.
b. Usar colores intensos en todo el texto.
c. Aplicar el color para resaltar información importante sin saturar.
d. Cambiar el color en cada diapositiva.

**7. ¿Qué práctica favorece una presentación sencilla y eficaz?**

a. Usar textos breves y directos acompañados de elementos visuales claros.
b. Sustituir todo el texto por imágenes.
c. Incluir todos los datos disponibles en una sola diapositiva.
d. Añadir efectos y animaciones en cada elemento.

**8. Indica si las siguientes afirmaciones son verdaderas o falsas:**

    a. Utilizar tipografías sencillas como Arial o Calibri facilita la lectura en pantalla.

        ■ Verdadero
        ■ Falso

    b. Cuantas más tipografías diferentes se usen, más clara será la presentación.

        ■ Verdadero
        ■ Falso

    c. El tamaño de letra influye en que el contenido se lea desde el fondo de la sala.

        ■ Verdadero
        ■ Falso

**9. ¿Cuándo es adecuado integrar un vídeo o un audio en una diapositiva?**

    a. Siempre que la presentación parezca más dinámica.
    b. Cuando haya espacio libre en la diapositiva.
    c. Para sustituir completamente el texto.
    d. Cuando aporta valor y refuerza el contenido explicado.

**10. Indica si las siguientes afirmaciones son verdaderas o falsas:**

    a. El contraste adecuado entre texto y fondo mejora la comprensión visual.

        ■ Verdadero
        ■ Falso

    b. Los colores muy saturados deben usarse de forma constante en toda la presentación.

        ■ Verdadero
        ■ Falso

c. Los recursos multimedia deben utilizarse solo si apoyan el mensaje.

- Verdadero
- Falso

# Diseño de plantillas y utilización de periféricos para ejecutar presentaciones

# Contenido

# Objetivos

Los objetivos específicos de esta Unidad de Aprendizaje son:

→ Identificar la función de las plantillas y los asistentes como herramientas para mantener la coherencia visual en una presentación.

→ Diseñar plantillas propias adaptadas a un uso concreto, aplicando criterios básicos de claridad, orden y uniformidad.

→ Aprender a conectar correctamente un equipo a un proyector o una pantalla externa para presentar ante el público.

→ Saber cómo utilizar mandos inalámbricos y otros periféricos de apoyo, asegurando su correcto funcionamiento.

# 1. Introducción

Una vez dominadas las opciones básicas de las aplicaciones de presentaciones y aprendidos los principios fundamentales de tipografía, composición y uso del color, llega el momento de dar un paso más en el diseño y la ejecución de presentaciones.

En esta fase, cobra especial importancia la coherencia visual del conjunto, así como la correcta preparación técnica del entorno desde el que se va a exponer. Diseñar presentaciones reutilizables y asegurar que los dispositivos funcionen correctamente permite comunicar el mensaje con claridad y sin interrupciones.

En esta unidad, continuaremos con Roberto, que debe preparar una presentación que se utilizará en distintas sesiones y, además, tendrá que exponerla ante el público utilizando un proyector y otros dispositivos.

# 2. Diseño de plantillas de presentaciones

## 👉 HILO CONDUCTOR

Roberto debe preparar una presentación que se utilizará en varias sesiones formativas. Se da cuenta de que, si cada diapositiva tiene un diseño diferente, el resultado es confuso y poco profesional. Decide entonces crear una plantilla con colores definidos, un mismo estilo de títulos y una estructura común, de manera que todas las diapositivas sigan el mismo patrón y puedan reutilizarse fácilmente en el futuro.

El **diseño de plantillas** permite establecer una estructura visual común para todas las diapositivas de una presentación.

Utilizar una plantilla ayuda a mantener la coherencia en varios aspectos:

**Colores**
- Se mantienen los mismos tonos en todas las diapositivas, reforzando la unidad visual y evitando combinaciones incoherentes.

**Tipografías**
- Se usan las mismas fuentes para títulos y textos, lo que mejora la legibilidad y la claridad del mensaje.

**Tamaños**
- Se respetan tamaños de letra y proporciones constantes, facilitando una lectura cómoda desde cualquier distancia.

**Disposición de los elementos**
- Los títulos, los textos y las imágenes ocupan siempre zonas similares, aportando orden y facilitando la comprensión.

Las plantillas facilitan el trabajo cuando una presentación se reutiliza o se amplía con nuevas diapositivas. Al partir de un diseño predefinido, se ahorra tiempo y se asegura que todas las diapositivas sigan los mismos criterios visuales, lo que aporta una imagen más ordenada y profesional.

## NOTA

Además, el uso de plantillas contribuye a una comunicación más clara y accesible. Al mantener una estructura estable, el público puede centrarse en el contenido sin tener que adaptarse constantemente a cambios visuales, lo que mejora la comprensión del mensaje y la atención durante la exposición.

## 2.1. Utilización de plantillas y asistentes

Las **plantillas** y los **asistentes** de diseño son herramientas muy útiles para quienes están aprendiendo a crear presentaciones o para quienes desean agilizar el proceso.

El uso de plantillas facilita que la estructura visual sea equilibrada desde el inicio: los títulos, los espacios para imágenes y los bloques de texto ya están distribuidos de forma profesional, lo que evita errores comunes como desequilibrios, textos demasiado pequeños o elementos amontonados.

Los asistentes de diseño —como los sugeridos automáticamente por algunas aplicaciones— también ayudan proponiendo nuevas formas de organizar el contenido según el tipo de información insertada.

## IMPORTANTE

El propósito no es depender siempre de una plantilla, sino entender cómo puede servir como guía para desarrollar un estilo propio, manteniendo la claridad y la coherencia visual.

Las aplicaciones de presentaciones más utilizadas —*Microsoft PowerPoint, Google Presentaciones* y *LibreOffice Impress*— incluyen plantillas prediseñadas que permiten comenzar una presentación con una estructura visual coherente desde el primer momento.

Estas plantillas establecen colores, tipografías, tamaños y disposición de los elementos, facilitando un diseño equilibrado sin necesidad de partir de una diapositiva en blanco:

**Microsoft PowerPoint**
- En *PowerPoint,* el usuario puede elegir entre múltiples temas y diseños, además de recibir sugerencias automáticas a través de asistentes de diseño que proponen combinaciones visuales según el contenido insertado.

**Google Presentaciones**
- *Google Presentaciones* ofrece plantillas sencillas y funcionales, orientadas a la claridad y a la colaboración.

**LibreOffice Impress**
- Dispone de plantillas básicas que cubren las necesidades esenciales de diseño, especialmente en entornos educativos y administrativos.

Las plantillas y los asistentes de diseño ayudan a crear presentaciones equilibradas sin necesidad de empezar desde cero.

A continuación, se explica en detalle cómo se usan en Microsoft PowerPoint, Google Presentaciones y LibreOffice Impress:

● *Microsoft PowerPoint.* Es el programa con más opciones y asistentes avanzados.

  ᴗ Utilizar plantillas:

    1. Al abrir *PowerPoint,* seleccionar **Nuevo.**
    2. Elegir entre las plantillas disponibles:

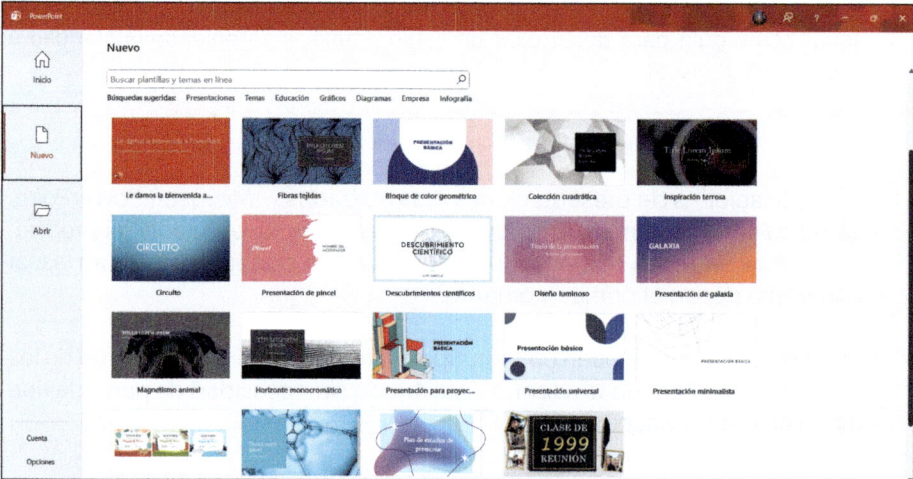

      ○ Plantillas prediseñadas.
      ○ Plantillas temáticas de *Microsoft 365.*
      ○ Búsqueda por categorías.

    3. Hacer clic sobre la plantilla para crear la presentación con ese estilo (colores, tipografía, diseño de diapositivas).

  ᴗ Cambiar el diseño de una diapositiva:

    1. Seleccionar la diapositiva.
    2. Ir a **Inicio** y modificar aspectos de la diapositiva relacionados con las fuentes y los párrafos o, en el menú **Diseño,** seleccionar otro tema.

⊃ Usar el **Diseñador** de *PowerPoint* (asistente de diseño):

1. A la derecha, aparece el panel **Diseñador.**

2. *PowerPoint* sugiere distribuciones y diseños automáticos.
3. Elegir una sugerencia para mejorar la composición.

◊ Crear con **Copilot** (asistente por IA):

1. Desde la pantalla de **Inicio**, seleccionar **Crear con Copilot.**

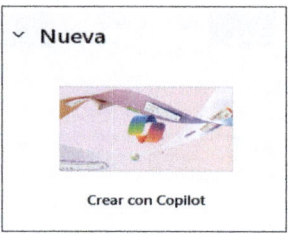

2. Describir el tipo de presentación que deseas.
3. Elegir un diseño sugerido.
4. Generar una presentación completa que servirá como plantilla base.
5. Revisar y adaptar el contenido.

➲ *Google Presentaciones*. Ofrece plantillas sencillas y un asistente de diseño básico.

◊ Utilizar plantillas:

1. Al abrir *Google Presentaciones,* seleccionar **Galería de plantillas.**

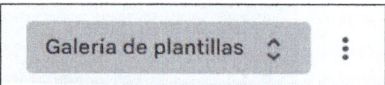

2. Elegir entre las plantillas temáticas.

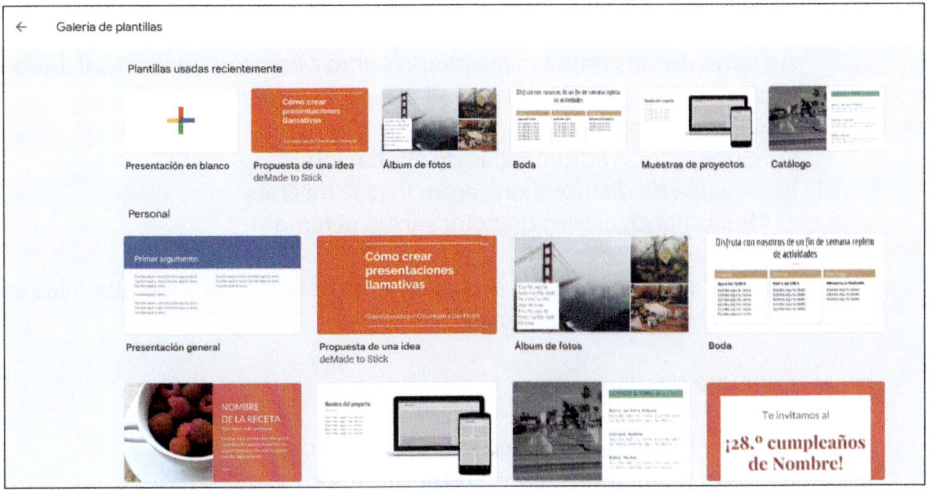

3. La presentación se crea con colores y diseños predefinidos.

◔ Cambiar el diseño de una diapositiva:

1. Seleccionar la diapositiva.
2. Ir al panel derecho **Diseño.**
3. Elegir una distribución.

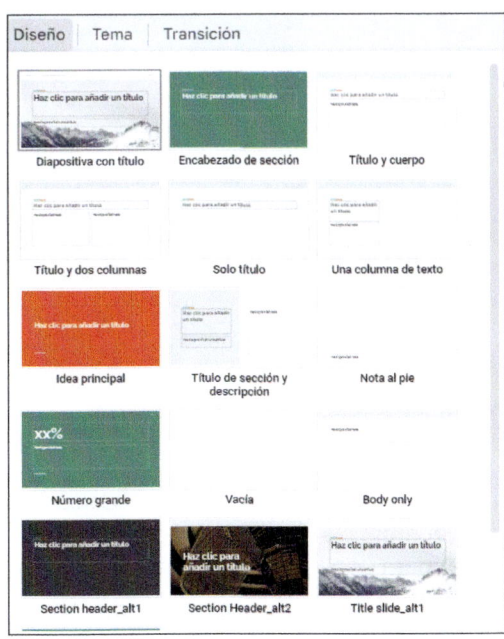

◆ Asistente de diseño (alternativas de diseño). *Google Presentaciones* no tiene un asistente tan avanzado como *Microsoft PowerPoint*, pero sí ofrece:

⇕ Sugerencias automáticas de alineación.
⇕ Ajustes de distribución según lo que insertes.
⇕ Recomendaciones de color según el tema.

➲ *LibreOffice Impress.* Permite crear presentaciones a partir de plantillas y ofrece una herramienta de estilo.

◆ Usar una plantilla:

1. Abrir *Impress*, y aparece el asistente inicial.
2. Seleccionar **Plantilla → Elegir plantilla.**

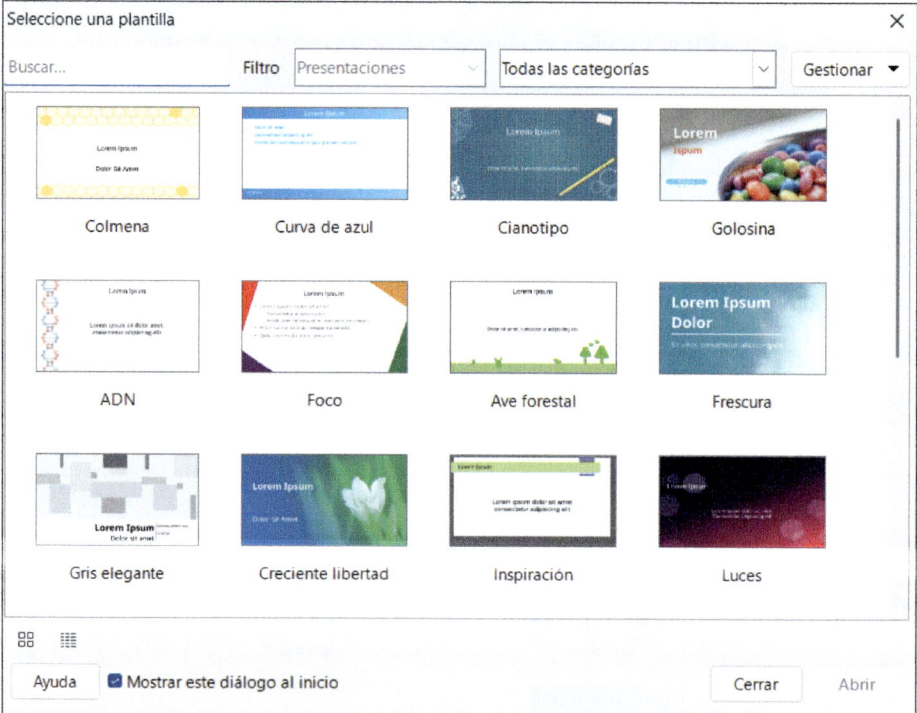

3. Escoger entre las plantillas prediseñadas.
4. Aplicar para generar la presentación con ese estilo.

◔ Cambiar el diseño de una diapositiva:

1. Abrir el panel lateral **Diseños.**

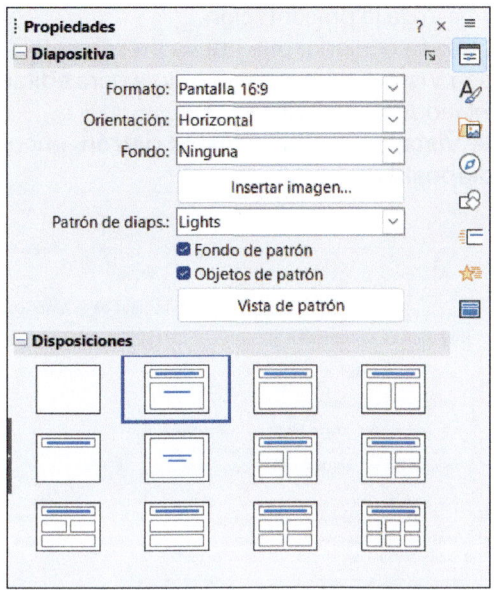

2. Elegir uno de los modelos.

## 2.2. Creación de patrones de diapositivas y diseños personalizados

La creación de patrones de diapositivas consiste en definir una base común sobre la que se construyen todas las diapositivas de una presentación.

Desde el patrón se establecen aspectos como el formato de los títulos, el estilo del texto, la posición de los cuadros de contenido, el fondo y los elementos que deben repetirse, como logotipos o líneas decorativas.

 **NOTA**

Al modificar el patrón, los cambios se aplican automáticamente a todas las diapositivas asociadas.

Las principales aplicaciones de presentaciones permiten acceder a esta función desde un modo específico de edición:

◗ *Microsoft PowerPoint.* Se accede al **Patrón de diapositivas** para definir el diseño base de la presentación.

Para ello, tras seleccionar una nueva presentación en blanco, se accede a la pestaña **Vista.** Esta pestaña no sirve para editar contenido, sino para cambiar el modo de trabajo.

Dentro de **Vista,** en el grupo **Vistas patrón,** encontrarás la opción **Patrón de diapositivas.**

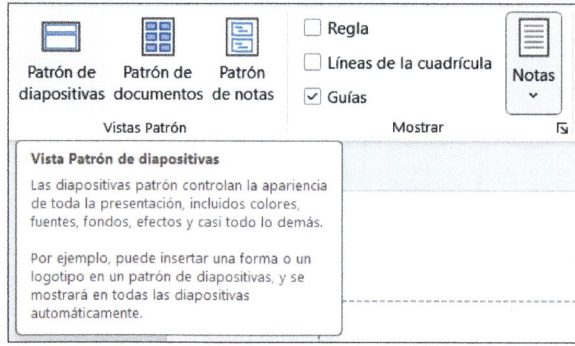

◗ Al hacer clic:

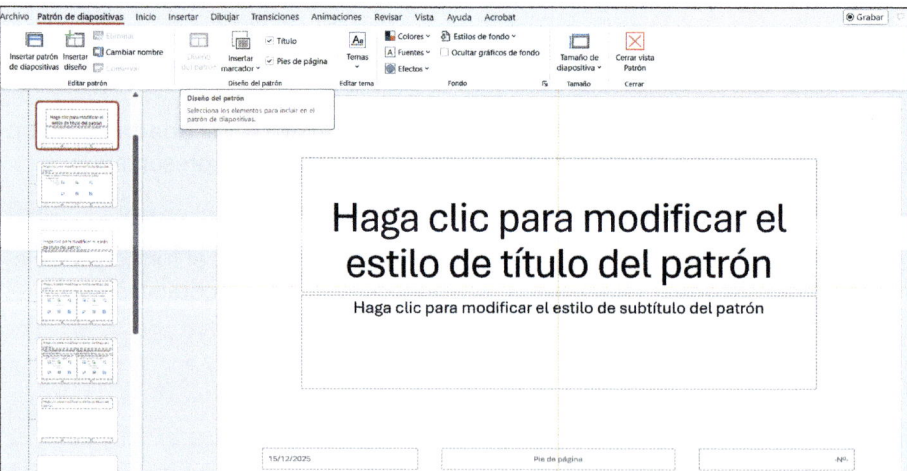

◉ La interfaz cambia.

◉ Aparece una columna a la izquierda con el patrón principal.

◉ En la cinta superior aparecen opciones específicas del patrón.

A partir de ese patrón general, se crean diseños personalizados. Por ejemplo, se puede establecer un fondo claro, fijar una tipografía concreta para los títulos y otra para el texto, y colocar un logotipo en la esquina inferior que aparecerá en todas las diapositivas.

➔ *Google Presentaciones.* El proceso se realiza desde el editor de temas:

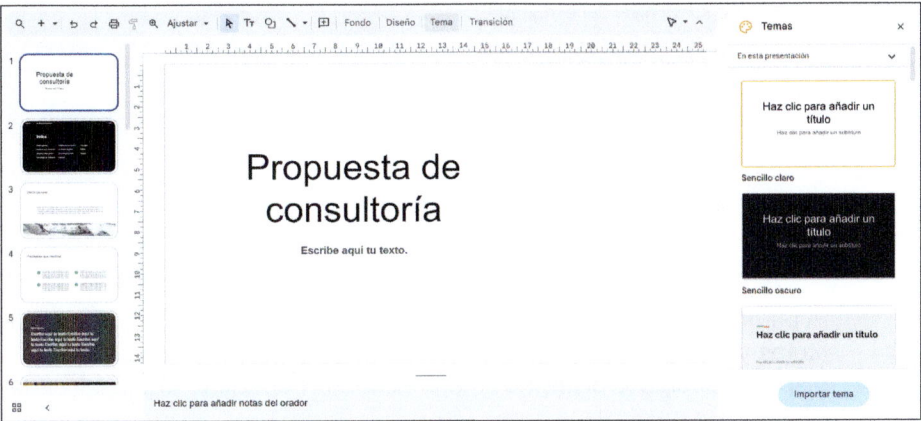

Por ejemplo, se puede modificar el tema principal cambiando colores y estilos de texto, y después crear un nuevo diseño dentro del tema para diapositivas de resumen.

En ese diseño se define dónde irá el título, cuántos cuadros de texto habrá y su tamaño. Al aplicar ese diseño a una diapositiva, todos los elementos aparecen ya colocados, manteniendo la coherencia con el resto de la presentación.

➔ *LibreOffice Impress.* Se trabaja desde el **patrón de diapositivas** para ajustar los estilos generales. Se encuentra en el menú **Ver.**

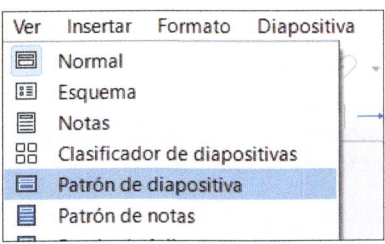

Por ejemplo, se puede definir un fondo uniforme, establecer el formato de los títulos y fijar la posición del texto principal.

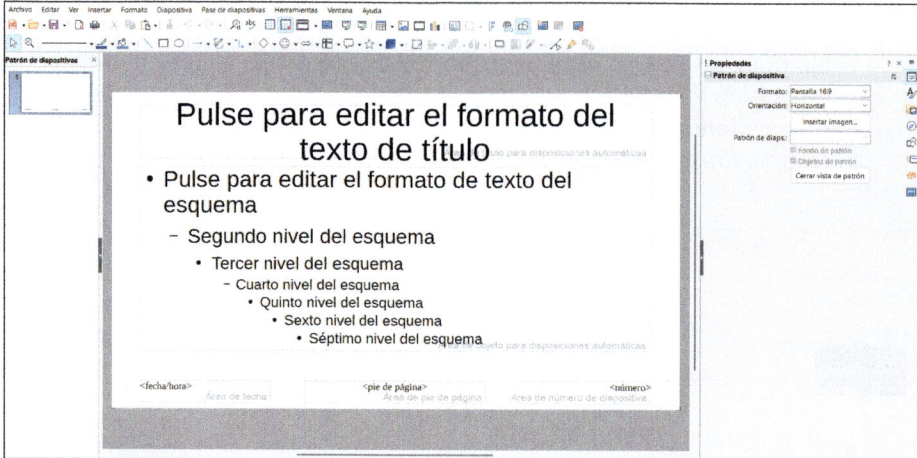

A partir de ahí, se crean distintos estilos de diapositiva, como uno para títulos y otro para contenido con lista. Al usar estos diseños, todas las diapositivas siguen el mismo criterio visual sin necesidad de ajustar cada elemento manualmente.

Diseñar plantillas propias implica adaptar el diseño de la presentación al contexto en el que se va a utilizar.

## IMPORTANTE

No todas las presentaciones tienen el mismo objetivo ni público, por lo que los criterios de claridad, orden y uniformidad deben aplicarse teniendo en cuenta el uso concreto de la plantilla.

En la siguiente tabla se exponen distintos contextos habituales de presentación junto con orientaciones visuales que facilitan el diseño de plantillas coherentes, funcionales y reutilizables:

| Contexto de la presentación | Colores recomendados | Tipografías y tamaños | Composición y estructura | Criterios clave de claridad y uniformidad |
|---|---|---|---|---|
| Formación / aula | Tonos claros y neutros (blanco, azul suave, gris) | Tipografía sencilla y legible. Títulos ≥32 pt, texto ≥24 pt | Diseño "título y contenido". Márgenes amplios y pocos elementos por diapositiva | Priorizar la lectura desde el fondo del aula y evitar sobrecargar la información |
| Presentación profesional / empresa | Colores corporativos con fondo claro | Tipografías formales (Calibri, Arial). Títulos 28-36 pt | Estructura repetida en todas las diapositivas. Logotipo discreto y fijo | Mantener la misma estructura y estilo en toda la plantilla |
| Informe de resultados o datos | Fondo claro con 1-2 colores de apoyo | Tipografía clara y consistente. Resaltar cifras clave | Diapositiva dividida en zonas: gráfico + explicación | Facilitar la comprensión rápida de los datos más importantes |
| Presentación técnica | Colores sobrios, alto contraste | Texto ≥22 pt para términos técnicos | Diseño limpio, sin decoraciones innecesarias | Evitar distracciones visuales y asegurar la precisión |
| Creativa / divulgativa | Paleta limitada, pero con contraste | Máximo dos tipografías combinadas | Uso equilibrado de imágenes y texto | Mantener la coherencia visual, aunque se busque impacto |
| Exposición oral con apoyo visual | Colores neutros con acentos puntuales | Texto breve y tamaños grandes | Una idea principal por diapositiva | La diapositiva apoya la explicación, no la sustituye |

 **VÍDEO**

El siguiente vídeo muestra tres efectos sencillos y rápidos para mejorar el diseño visual y hacer más creativas las presentaciones.

*Continúa en página siguiente >>*

*<< Viene de página anterior*

https://redirectoronline.com/3002040301

## Uso de *Copilot* en *PowerPoint*

En las versiones más recientes de *PowerPoint* está disponible *Copilot,* una herramienta basada en inteligencia artificial que puede apoyar el proceso creativo. *Copilot* permite:

**Generar una presentación completa**
- Se puede generar una presentación a partir de unas pocas indicaciones del usuario.

**Proponer diseños alternativos**
- Reorganizando los elementos para mejorar la claridad o el impacto visual.

**Redactar o resumir textos**
- Esto es útil cuando se quiere simplificar el contenido o adaptarlo a un estilo más directo.

**Crear imágenes mediante IA**
- Cuando se necesita un recurso visual que no se encuentra fácilmente.

**Ajustar el tono o el estilo de la presentación**
- Haciendo que todo el contenido mantenga una línea coherente.

## IMPORTANTE

*Copilot* no sustituye la creatividad ni el criterio personal, pero sí actúa como un apoyo que facilita el trabajo, especialmente cuando se busca inspiración o se necesita empezar desde cero con una estructura clara y organizada.

- - - - - - - - - - - - - - - - - - - - - - - - - - - - - - - - - - - - - - - - - -

*Copilot* resulta especialmente útil como **plantilla de partida,** ya que permite generar una estructura inicial con títulos, apartados y un diseño visual coherente en muy poco tiempo. Sin embargo, aunque esta base agiliza mucho el trabajo, siempre es necesario revisar y adaptar el contenido generado por la IA.

A continuación, se explica el proceso para crear una presentación con *Copilot* en *PowerPoint:*

⮕ Seleccionar la opción **Crear con Copilot.** En la pantalla de inicio de *PowerPoint,* dentro del apartado **Nueva,** verás varias opciones. Una de ellas es **Crear con Copilot.**

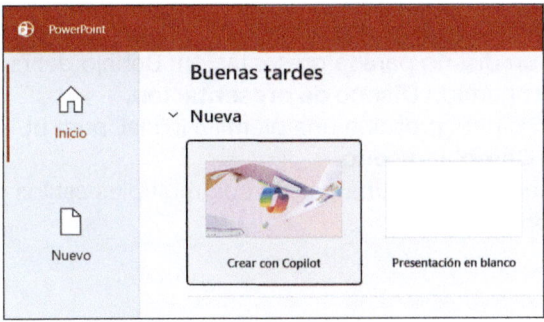

⮕ Describir la presentación que quieres crear. Se abre una ventana titulada **Crear una presentación con Copilot.**

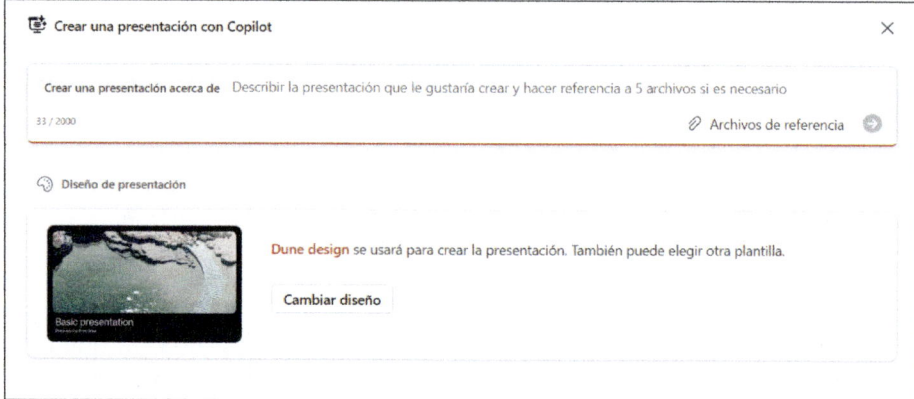

Aquí encontrarás un cuadro de texto donde puedes escribir: "Crear una presentación acerca de...".
En este espacio debes explicar:

◗ El tema de la presentación.
◗ Qué puntos debería incluir.
◗ A quién va dirigida.
◗ Qué estilo deseas (informativo, didáctico, profesional...).
◗ Si lo deseas, puedes añadir archivos como referencia.

*Copilot* utilizará esta descripción para generar un borrador estructurado.
⮑ Elegir un diseño para la presentación. Debajo del cuadro de texto aparece el apartado **Diseño de presentación.**
*PowerPoint* te propone una plantilla inicial, pero puedes cambiarla pulsando **Cambiar diseño.**
Al hacerlo, se abre una galería con múltiples estilos creados por *Microsoft 365.*

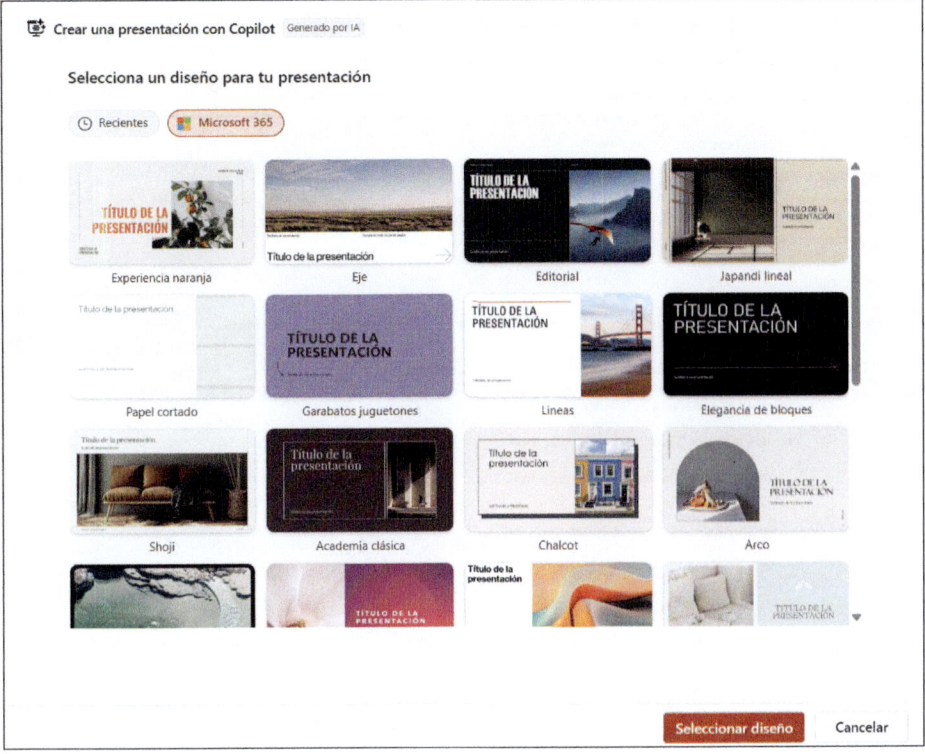

Puedes elegir el estilo que mejor encaje con el tono de tu presentación. Si no se ha hecho antes, en este punto hay que escribir la descripción de la presentación.

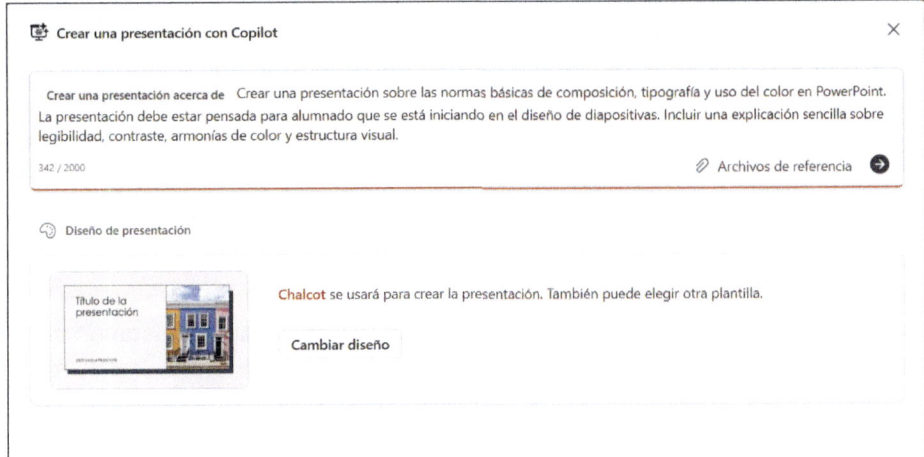

➲ Revisar el esquema de la presentación. Al hacer clic en la flecha, *Copilot* te muestra:

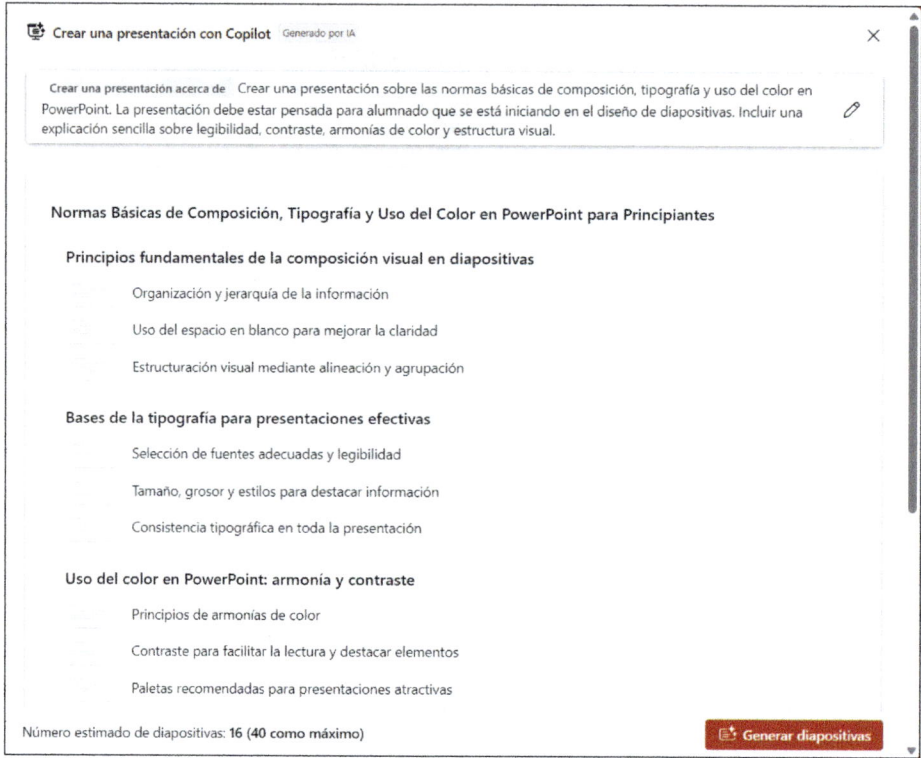

○ Un título sugerido.
○ Un índice generado automáticamente.
○ Los apartados desarrollados como lista.

Esto te permite comprobar que la estructura tiene sentido antes de crear las diapositivas.

➲ Generar las diapositivas. Cuando estés conforme con el esquema, haz clic en **Generar diapositivas.**
*Copilot* comenzará a crear cada diapositiva una por una.
Durante unos segundos verás tarjetas con el mensaje "Generando contenido...".

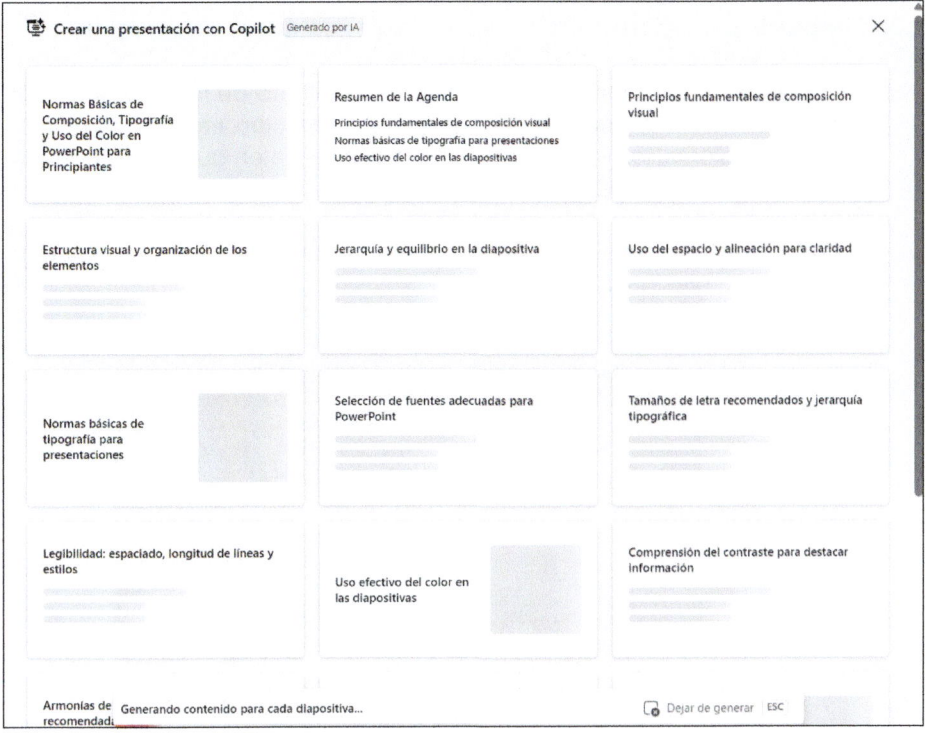

➲ Revisar la presentación generada. *PowerPoint* muestra la presentación completa en el área de trabajo.

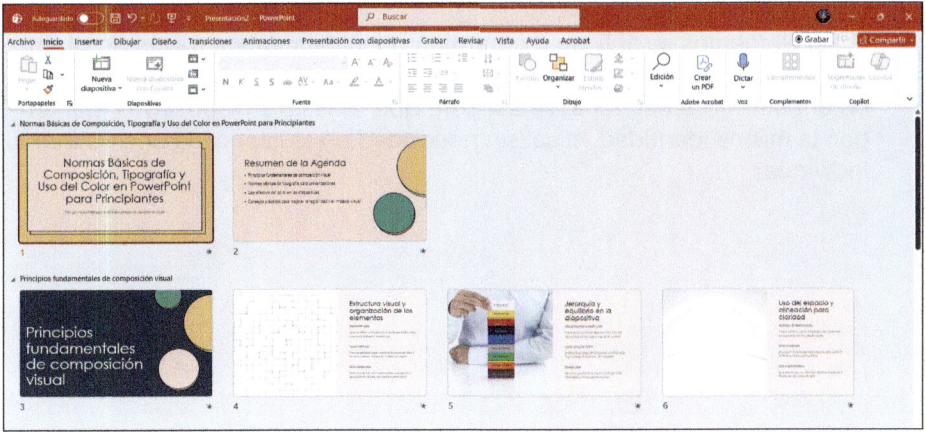

Cada diapositiva incluye texto adaptado al tema, y el diseño escogido se aplica de forma uniforme en todas ellas.

## 2.3. Elementos de identidad visual: colores, estilos y composición

Los **elementos de identidad visual** son el conjunto de recursos gráficos que dan coherencia y personalidad a una presentación. Incluyen principalmente los colores, los estilos tipográficos y la forma en que se distribuyen los elementos en la diapositiva.

Su función es reforzar el mensaje, facilitar la lectura y transmitir una imagen ordenada y profesional:

**Color**
- El color se utiliza para crear contraste, destacar información importante y mantener unidad visual en toda la presentación. Una paleta bien definida evita combinaciones confusas y mejora la legibilidad.

**Estilos**
- Por su parte, los estilos agrupan tipografías, tamaños y formatos que se repiten en títulos y textos, ayudando a que el contenido sea reconocible y fácil de seguir.

**Composición**
- La composición se refiere a cómo se colocan los elementos —títulos, textos, imágenes y gráficos— respetando márgenes, alineaciones y espacios en blanco.

Estos elementos se aplican y controlan principalmente a través de **plantillas y patrones de diapositivas.** Al definir colores, estilos y composición en el patrón o en el tema, se asegura que todas las diapositivas mantengan la misma identidad visual sin necesidad de ajustar cada una de forma individual.

# 3. Utilización de periféricos para ejecutar presentaciones asegurando el correcto funcionamiento

 **HILO CONDUCTOR**

El día de la exposición, Roberto llega a la sala y necesita conectar su portátil al proyector. Al principio, la imagen no se muestra correctamente y la pantalla duplicada le dificulta ver sus notas. Tras revisar la configuración, ajusta la proyección a doble pantalla y prueba el mando inalámbrico antes de empezar.

La ejecución de una presentación no depende únicamente del diseño de las diapositivas, sino también del correcto uso de los periféricos que permiten mostrarla al público.

Dispositivos como proyectores, pantallas externas o sistemas de control remoto forman parte habitual del entorno de presentación y deben utilizarse con seguridad y conocimiento:

**Proyector**
- Permite mostrar la presentación en gran formato para que sea visible por todo el público.

**Pantalla externa**
- Ofrece una visualización clara y estable del contenido, adaptándose al espacio y al tamaño de la sala.

**Sistema de control remoto**
- Facilita avanzar o retroceder las diapositivas sin depender del ordenador, lo que mejora la fluidez de la exposición.

 **NOTA**

Conectar y configurar correctamente estos periféricos garantiza que la información se visualice de forma adecuada. Ajustes como la resolución, el tipo de

*Continúa en página siguiente >>*

*<< Viene de página anterior*

proyección o la selección de pantalla influyen directamente en la calidad de la imagen y en la comodidad de la persona que expone.

---

## 3.1. Presentación para el público: conexión a un proyector y configuración

Para realizar una presentación ante el público, es necesario conectar el equipo desde el que se expone a un **proyector o a una pantalla externa.** Esta conexión permite que las diapositivas se visualicen correctamente por todas las personas asistentes y forma parte de la preparación técnica previa a la exposición.

Los equipos actuales permiten la conexión mediante distintos tipos de cables y dispositivos, como **HDMI, VGA, DisplayPort o adaptadores,** según el ordenador y el proyector disponibles:

**HDMI**
- Es el más habitual, ya que transmite imagen y sonido con buena calidad; VGA se utiliza en equipos más antiguos y solo envía señal de vídeo.

**DisplayPort**
- Ofrece una calidad similar o superior a HDMI, y es común en equipos profesionales.

**Adaptadores**
- Permiten conectar dispositivos con distintos tipos de puertos cuando no coinciden las conexiones disponibles.

## IMPORTANTE

Comprobar que la imagen aparece correctamente es un paso básico antes de comenzar la presentación.

---

Además de la conexión, es necesario **configurar el modo de proyección** según las necesidades de la exposición. El equipo puede mostrar la misma imagen en ambas pantallas o permitir un uso diferenciado, ajustando la resolución, la orientación y la escala.

## NOTA

Una configuración adecuada asegura una visualización clara, evita cortes de imagen y contribuye a que la presentación se desarrolle con fluidez y sin interrupciones técnicas.

- - - - - - - - - - - - - - - - - - - - - - - - - - - - - - - - - - - - - - - - - -

## 3.2. Uso de mandos inalámbricos y periféricos adicionales

Durante una presentación ante el público, el uso de **mandos inalámbricos y otros periféricos** facilita el control de las diapositivas y permite que la persona que expone se mueva con mayor libertad.

Estos dispositivos suelen incluir funciones básicas como avanzar o retroceder diapositivas y, en algunos casos, activar un puntero láser o controlar elementos multimedia:

**Mandos inalámbricos**
- Los mandos inalámbricos funcionan generalmente mediante un **receptor USB** o conexión inalámbrica, que debe ser reconocido por el equipo antes de comenzar la exposición.
- Es importante comprobar su funcionamiento, el alcance y el estado de la batería para evitar interrupciones durante la presentación.

**Otros periféricos**
- Otros periféricos adicionales pueden ser ratones, teclados externos o sistemas de audio, que también requieren una verificación previa.

Tras realizar estas comprobaciones, se inicia la presentación asegurando que todos los periféricos funcionan correctamente.

## 👁 EJEMPLO

Antes de comenzar la presentación, se conecta el mando inalámbrico al ordenador introduciendo su receptor USB en uno de los puertos disponibles. Una vez conectado, el sistema lo reconoce automáticamente sin necesidad de instalar *software* adicional. A continuación, se abre la presentación y se comprueba que el mando permite avanzar y retroceder las diapositivas correctamente. También se revisa el alcance del dispositivo moviéndose por la sala y se verifica que la batería tenga carga suficiente para toda la exposición.

Además del mando, se conectan otros periféricos de apoyo. Se enchufa un ratón externo mediante USB o conexión inalámbrica para facilitar el control del equipo, y se comprueba que el cursor responde con normalidad. Si la presentación incluye audio o vídeo, se conecta un sistema de sonido externo mediante cable o conexión inalámbrica, se selecciona la salida de audio correcta en el sistema y se ajusta el volumen antes de comenzar.

### 3.3. Configuración de doble pantalla y ajustes de proyección

La configuración de **doble pantalla** permite utilizar de forma diferenciada la pantalla del ordenador y la pantalla de proyección.

## NOTA

Esta opción resulta especialmente útil en presentaciones ante el público, ya que permite mostrar las diapositivas al público mientras se mantiene un control adicional desde el equipo principal.

Al activar la proyección, el sistema ofrece distintos **modos de visualización,** como duplicar la pantalla o extender el escritorio. La duplicación muestra la misma imagen en ambas pantallas, mientras que la extensión permite trabajar con contenidos distintos en cada una. Elegir el modo adecuado depende del tipo de presentación y del nivel de control que se necesite durante la exposición.

Además de seleccionar el modo de pantalla, es importante ajustar aspectos como la **resolución, la orientación y el escalado de la imagen** para que el contenido se vea correctamente en el proyector o la pantalla externa:

**Resolución**
- Debe coincidir, siempre que sea posible, con la resolución nativa del proyector o el monitor para evitar imágenes borrosas o deformadas.
- Una resolución inadecuada puede provocar textos poco legibles, gráficos pixelados o pérdida de calidad visual durante la proyección.

**Orientación**
- Permite establecer si la imagen se muestra en formato horizontal o vertical, según el tipo de presentación y la disposición de la pantalla.
- Una orientación incorrecta puede provocar que la imagen aparezca girada o con barras negras, dificultando la visualización del contenido.

**Escalado de la imagen**
- Determina cómo se ajusta el contenido al tamaño de la pantalla de proyección.
- Un escalado mal configurado puede hacer que algunas partes de la diapositiva queden fuera de la zona visible o que los elementos aparezcan demasiado grandes o pequeños, afectando a la claridad del mensaje.

 **ACTIVIDAD COMPLEMENTARIA**

3. Reflexiona sobre el proceso de conexión de un ordenador a un proyector o a una pantalla externa para realizar una presentación ante el público. El objetivo es comprender la importancia de identificar correctamente los dispositivos y los ajustes necesarios para garantizar que la proyección funcione sin incidencias.

   · ¿Por qué es importante identificar previamente el tipo de conexión disponible (HDMI, VGA, DisplayPort, adaptadores) antes de iniciar una presentación? Explica qué problemas pueden surgir si no se comprueba con antelación.
   · Una vez conectado el equipo, ¿qué ajustes de pantalla deben revisarse para asegurar que la imagen se vea correctamente en el proyector o la pantalla externa? Reflexiona sobre aspectos como duplicar o extender la pantalla, la resolución y la orientación.

## TAREA 4

Roberto debe finalizar la presentación de cierre del año creada en la actividad anterior para exponerla ante su responsable y otros departamentos de la empresa.

Para ello, decide unificar el diseño de toda la presentación creando una plantilla propia, de modo que todas las diapositivas mantengan el mismo estilo visual. Además, antes de la reunión, debe preparar la exposición utilizando periféricos de apoyo, como un mando inalámbrico o un dispositivo similar, para pasar las diapositivas con comodidad durante la presentación.

Roberto debe realizar ambas tareas utilizando la aplicación de presentaciones instalada en su ordenador. ¿Cómo puede hacerlo?

1. Crear y aplicar una plantilla propia a la presentación.
2. Comprobar el correcto funcionamiento del periférico durante la presentación.

Para ello, tienes que entregar:

- El archivo final de la presentación con la plantilla aplicada.
- Indicación del periférico utilizado para la ejecución de la presentación.

## 4. Resumen

Las **plantillas** permiten mantener la coherencia visual en todas las diapositivas, asegurando el uso uniforme de colores, tipografías, tamaños y disposición de los elementos. Al trabajar con una plantilla, se evita que cada diapositiva tenga un diseño distinto, lo que mejora la legibilidad y transmite una imagen más ordenada y profesional.

Las aplicaciones de presentaciones incluyen **plantillas prediseñadas y asistentes de diseño** que facilitan la creación de presentaciones equilibradas desde el inicio. Estas herramientas ayudan a organizar títulos, textos e imágenes, evitando errores comunes, aunque deben utilizarse como guía y no como sustituto del criterio propio.

El **patrón de diapositivas** permite definir los elementos que se repiten en toda la presentación, como estilos de texto, fondos y elementos gráficos fijos. Cualquier modificación realizada en el patrón se aplica automáticamente a todos los diseños asociados, lo que garantiza uniformidad y agiliza el trabajo.

A partir del patrón se crean **diseños personalizados,** que establecen distintas estructuras según el tipo de contenido (título, contenido, imagen, resumen). Estos diseños quedan disponibles para su uso al insertar nuevas diapositivas y se guardan junto con la presentación.

Los **elementos de identidad visual** —colores, estilos y composición— refuerzan el mensaje, facilitan la lectura y aportan coherencia:

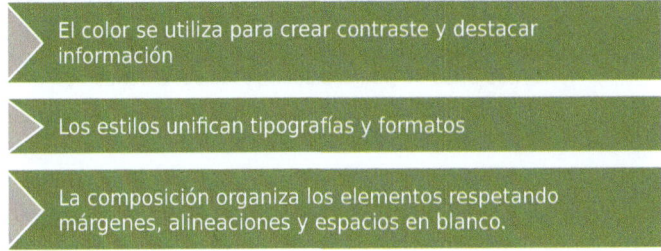

El color se utiliza para crear contraste y destacar información

Los estilos unifican tipografías y formatos

La composición organiza los elementos respetando márgenes, alineaciones y espacios en blanco.

Los **periféricos de presentación** deben conectarse y comprobarse antes de comenzar. Los proyectores y las pantallas externas permiten mostrar el contenido al público, mientras que los mandos inalámbricos facilitan el control de las diapositivas sin depender del ordenador.

La conexión a proyectores o pantallas externas puede realizarse mediante:

**HDMI:** transmite la imagen y el sonido con buena calidad, y es el tipo de conexión más habitual en los equipos actuales

**VGA:** se utiliza en los dispositivos más antiguos y solo transmite señal de vídeo

**DisplayPort:** ofrece alta calidad de imagen y es frecuente en los equipos profesionales

**Adaptadores:** permiten conectar dispositivos con distintos tipos de puertos cuando las conexiones no coinciden

Tras la conexión, es imprescindible comprobar que la imagen se muestra correctamente.

La **configuración de pantalla** influye directamente en la visualización. Es necesario seleccionar el modo adecuado (duplicar o extender pantalla) y ajustar la resolución, la orientación y el escalado para evitar imágenes borrosas, deformadas o cortadas.

El uso de **mandos inalámbricos y otros periféricos** requiere verificar el reconocimiento del dispositivo, el alcance y el estado de la batería. Los ratones, los teclados externos y los sistemas de audio también deben comprobarse previamente para asegurar una ejecución fluida de la presentación.

# Ejercicios de autoevaluación.
# Unidad de Aprendizaje 3

1. **¿Cuál es la finalidad principal de utilizar plantillas en una presentación?**

   a. Aumentar el número de diapositivas.
   b. Reducir el contenido textual.
   c. Mantener coherencia visual y uniformidad en todas las diapositivas.
   d. Evitar el uso de imágenes.

2. **¿Qué elemento no se define normalmente en una plantilla de presentación?**

   a. Colores corporativos.
   b. Tipografías y tamaños.
   c. Disposición de títulos y contenidos.
   d. El contenido específico de cada diapositiva.

3. **¿Qué herramienta permite modificar de forma global el diseño de todas las diapositivas?**

   a. El panel de animaciones.
   b. El modo presentación.
   c. El diseño rápido.
   d. El patrón de diapositivas.

4. **¿Qué ventaja aporta el uso de asistentes de diseño en presentaciones?**

   a. Sustituir el criterio del usuario.
   b. Eliminar la necesidad de revisar el contenido.
   c. Proponer estructuras visuales equilibradas desde el inicio.
   d. Evitar el uso de plantillas.

**5. Indica si las siguientes afirmaciones son verdaderas o falsas:**

  a. El uso de plantillas obliga a que todas las presentaciones sean iguales en contenido.

   ■ Verdadero
   ■ Falso

  b. Los asistentes de diseño pueden servir como guía para crear un estilo propio.

   ■ Verdadero
   ■ Falso

**6. ¿Qué conexión es la más habitual para conectar un portátil a un proyector actual?**

  a. VGA.
  b. HDMI.
  c. USB.
  d. Ethernet.

**7. ¿Qué acción debe realizarse antes de comenzar una presentación con periféricos?**

  a. Conectar el proyector durante la exposición.
  b. Ajustar la resolución una vez iniciado el pase.
  c. Comprobar la conexión, la configuración de pantalla y el funcionamiento del mando.
  d. Cambiar el diseño de las diapositivas.

**8. Indica si las siguientes afirmaciones son verdaderas o falsas:**

  a. El modo de duplicar pantalla muestra el mismo contenido en el ordenador y el proyector.

   ■ Verdadero
   ■ Falso

b. La configuración de doble pantalla permite mostrar notas solo al público.

- ■ Verdadero
- ■ Falso

c. Una resolución incorrecta puede afectar a la legibilidad de la presentación.

- ■ Verdadero
- ■ Falso

**9. ¿Qué función principal cumple un mando inalámbrico durante una presentación?**

a. Mejorar el diseño de las diapositivas.
b. Facilitar el control de la presentación sin depender del ordenador.
c. Sustituir al proyector.
d. Configurar automáticamente la pantalla.

**10. Indica si las siguientes afirmaciones son verdaderas o falsas:**

a. Los periféricos deben probarse antes de iniciar la exposición para evitar interrupciones.

- ■ Verdadero
- ■ Falso

b. El uso de doble pantalla permite al presentador ver información adicional.

- ■ Verdadero
- ■ Falso

c. Los periféricos solo son necesarios en presentaciones muy largas.

- ■ Verdadero
- ■ Falso

# Glosario

**Animación**
Efecto visual aplicado a textos, imágenes u objetos para controlar cómo aparecen, se mueven o desaparecen durante la presentación.

**Compatibilidad**
Capacidad de una presentación para abrirse y visualizarse correctamente en distintos programas como *LibreOffice Impress, Google Presentaciones* o *Microsoft PowerPoint.*

**Diapositiva**
Cada una de las pantallas que componen una presentación y en las que se organiza la información visual y textual.

**Diseño de diapositiva**
Estructura predefinida que determina la colocación de títulos, textos, imágenes u otros elementos dentro de una diapositiva.

**Exportación**
Proceso mediante el cual una presentación se guarda en otro formato, como PDF o vídeo, para facilitar su difusión o visualización.

**Formato de archivo**
Tipo de archivo en el que se guarda una presentación, como .odp, .pptx o .pdf, que determina su compatibilidad y uso.

**Fuente tipográfica**
Estilo de letra utilizado en los textos de la presentación para mejorar la legibilidad y la coherencia visual.

**Hipervínculo**
Enlace que permite acceder a otra diapositiva, a un archivo externo o a una página web desde la presentación.

### Inserción de objetos
Acción de añadir elementos como imágenes, gráficos, vídeos, tablas o audios dentro de una diapositiva.

### Interfaz
Conjunto de menús, barras y herramientas del programa que permiten al usuario crear y editar presentaciones.

### Marcador de posición
Área reservada dentro de una diapositiva para introducir contenido como texto, imágenes o gráficos.

### Multimedia
Conjunto de elementos audiovisuales, como sonido, vídeo o animaciones, integrados en una presentación.

### Notas del presentador
Texto de apoyo visible solo para quien expone, utilizado como guía durante la presentación oral.

### Plantilla
Archivo base que define colores, fuentes y diseños comunes para mantener una apariencia uniforme en todas las diapositivas.

### Presentación
Documento digital compuesto por una secuencia de diapositivas destinado a comunicar información de forma visual.

### Tema
Conjunto de colores, fuentes y estilos que se aplican de forma global a una presentación para mantener la coherencia estética.

### Transición
Efecto visual que se produce al pasar de una diapositiva a otra durante la proyección.

### Vista Clasificador de diapositivas
Modo de visualización que permite ver todas las diapositivas en miniatura para reorganizarlas fácilmente.

### Vista Presentación
Modo a pantalla completa utilizado para mostrar la presentación al público.

### *Zoom* de diapositiva
Herramienta que permite ampliar o destacar una parte concreta de una dia-positiva durante la exposición.

# Bibliografía

_____

## Monografías

→ Gris, M.: *PowerPoint (versiones 2019 y Office 365): funciones básicas.* Ediciones ENI, 2019.

> Este manual está dirigido a personas que comienzan a trabajar con *Microsoft PowerPoint 2019* u *Office 365*. Presenta de forma clara y gradual las principales funciones del programa, abarcando desde la creación y el almacenamiento de presentaciones hasta la incorporación y la modificación de textos, imágenes, vídeos, tablas y gráficos.

→ Valentín, H.: *Office: Word, Excel, Access y PowerPoint (ADGG052PO).* Ra-Ma S. A. Editorial y Publicaciones, 2020.

> Esta obra está orientada a la formación en competencias ofimáticas básicas y medias, y tiene como finalidad que el lector adquiera destrezas prácticas en el uso de las aplicaciones más habituales de *Microsoft Office: Word, Excel, Access y PowerPoint*. El contenido se centra en la gestión de la información y la documentación, abordando de forma progresiva el manejo de textos, hojas de cálculo, bases de datos y presentaciones.

→ VV. AA.: *PowerPoint 2021.* Ediciones ENI, 2019.

> Este manual ofrece una explicación completa y detallada de Microsoft *PowerPoint 2021* orientada a personas que desean conocer en profundidad todas las funcionalidades del programa. Comienza con la descripción del entorno de trabajo y los distintos modos de visualización, así como la gestión de presentaciones y plantillas, incluyendo opciones de almacenamiento y uso de *OneDrive*.

→ VV. AA.: *PowerPoint 2021.* Ediciones ENI, 2023.

> Este manual desarrolla de forma exhaustiva el uso de *Microsoft PowerPoint 2021* con un enfoque práctico y profesional. Está orientado a personas que desean dominar tanto las funciones básicas como las avanzadas del programa. A lo largo del libro se recuerda el entorno de trabajo y los distintos modos de visualización, la gestión de presentaciones y plantillas, y las opciones de almacenamiento y uso compartido.

## Textos electrónicos

→ PowerPoint de Microsoft 365: aprendemos a trabajar con el nuevo entorno, de: <https://cyldigital.es/system/files/selflearning/files/presentacio%CC%81npowerpoint.pdf>.

> Este material formativo, elaborado dentro del programa CyL Digital de la Junta de Castilla y León, tiene como finalidad enseñar el uso de *Microsoft PowerPoint 365* desde una perspectiva práctica. Se trata de un recurso introductorio orientado a usuarios principiantes que desean adquirir competencias digitales básicas para la comunicación y la presentación de contenidos.

→ Presentaciones visuales con *Google Slides,* de: <https://red.infd.edu.ar/wp-content/uploads/2020/04/Tutorial-Google-Slides.pdf>.

> Este documento formativo ofrece una guía introductoria para la creación de presentaciones visuales utilizando *Google Slides.* El material aborda de manera sencilla y práctica los pasos básicos para crear una presentación, aplicar temas de diseño, insertar imágenes y vídeos, así como visualizar y compartir el trabajo realizado.

→ *LibreOffice.* Primeros pasos con *Impress,* de: <https://www.aplicateca.es/Resources/45c94dcb-1ca4-4523-8133-e089d0721780/LibreOffice%20-%20Manual%20Usuario%20Impress.pdf>.

> Este manual de usuario, elaborado por The Document Foundation, ofrece una introducción progresiva al uso de *LibreOffice Impress* como herramienta de creación de presentaciones. El documento explica qué es *Impress* y describe las partes de su entorno de trabajo, las distintas vistas disponibles y el uso del navegador y las barras de herramientas.